本書獨家贈送

靈魂出竅調諧卡

一聽到靈魂出竅，可能會令人覺得「害怕」，擔心「會不會回不來」，事實上我們平時都會無意識出現靈魂出竅的情形（特別常在身心疲憊時發生）。轉眼間，靈魂便會一下子脫離身體，無意識進行身心調諧（調整）。我會設計這張卡片，就是為了讓大家隨時都能有意識地進行身心調諧。

※詳細的使用方法請參閱第18頁。

可裁剪下來使用。

まさよの魔法学校

視えないものを視るレッスン

透視魔法

窺探靈界，掌握身心調諧

Masayo

魔法與無形世界相連結，
時而借助神奇力量，
時而穿越過去和未來，
時而與他人意識互動，
自由自在無所不能。

事實上我們每一個人，
本來天生就懂得使用魔法。

相信自己「會使用魔法」的人，
便能輕鬆操控，
自認「不會使用魔法」、「魔法很困難」的人，
絕對無力操控。

現在你手上握有這本書，
就是在提醒你，
「請你回想起如何使用魔法」。

如果你會使用魔法，
隨時都能滿足個人所需，
並為他人減輕肩上重擔的話，

無形世界的一切就會不斷為你照亮腳下的路。

Lesson Day 1

第1天的魔法課 冥想的魔法

Contents

Lesson Day 2

第2天的魔法課 咒語的魔法

Lesson Day 3

第3天的魔法課 牌卡的魔法

Lesson Day 4

第4天的魔法課 催眠的魔法

Lesson Day

5

第5天的魔法課

通靈的魔法

前言

大家好，我是Masayo。

感謝大家購買這本書。

我在先前出版的《能量魔法》（エネルギーの魔法，永岡書店）、《靈氣療法》與《神腦覺醒》等著作中，就已經為大家介紹過無形的力量。

我相信這三本書，會讓大家意識到每個人其實都通曉「魔法」，讓初學者能奠定基礎，並開始運用這種不可思議的能力。

比方說，我過去都是針對偉大的本源以及高次元的世界提出個人想法，還為大家介紹了「能量」這種無形的基本概念及其使用方法，甚至教大家如何運用大腦透視自己的過去和未來。

這次在《透視魔法》中，我希望大家除了基礎之外，還能學習到更進階的「魔法」。

這些魔法會使你比過往運用到更多大腦，讓你能透視自己以外的人、預測世界即將發生的事，還能施展咒語，與無形世界進行互動等等。

我經常告訴大家，像魔法這種不可思議的能力，並非特殊人士才得以擁有，而是平等存在於每一個人的靈魂當中。

我認為這種能力是靠培養而不是磨練出來的。現在大家本質上都會使用魔法，只是還無法靈活運用，或是還無法完全相信自己懂得使用魔法。簡單來說，你就是魔法的實習生。

等到你讀完這本書之後，你一定就會拿到「使用魔法」的完整執照。

現在就讓我們一起快樂地學習如何使用魔法吧！

◆課程開始之前

1・開啟使用魔法的開關

首先在一開始，請你試著發出聲音說：「我會使用魔法。」當你說完之後，右腦就會對這句話產生反應，你就會啟動第一個開關，回想起你會使用魔法的能力。

第二步，請你試著不斷地在腦海中想像，「希望自己會使用魔法」。

接下來，等到你成功施展魔法，而不是偶然使出魔法時，請你開心地大方坦誠：「這全是魔法的功勞！」

我在一開始的時候也是這樣。

「好想現在就看到彩虹」，有一次我自言自語之後，天空中真的就出現了美麗的彩虹。「這是偶然嗎？」雖然質疑的念頭瞬間閃過腦海，但是我對於能在想見到彩虹就能見到時，還是感到非常開心，從這時起似乎就開啟了大腦的開關，相信

「自己會使用魔法」了。

自此以後，每次我希望「事情可以如何進展」時，例如「旅行時可以訂到便宜的飯店」、「好想收到一直很想品嚐的珍貴甜點」等時候，就會對自己施展魔法。

你可能會覺得這些都是小事，但是想像「事情可以如何進展」，就是一種魔法。而且當像這樣的共時性、偶然的巧合等等經驗累積，會使你相信自己「我會使用魔法」、「這全是魔法的功勞」，隨後當你充滿自信之後，就會愈來愈懂得使用魔法。

雖然很多事情你已經忘記了，但其實早在開心、幸運的事發生之前，你的腦海中就已想過「希望事情如何進展」、「感覺事情會如此變化」的畫面，瞬間想像過自己夢想成真的模樣。

這就足以稱為魔法了！

你不必回想起這些記憶也沒關係。請你試著跟自己說：「雖然忘記自己曾經施展過魔法，但是我以前懂得使用魔法。」

這會成為你的第二個開關，讓你開始能夠使用魔法。

2．切換「神腦」使用魔法的方法

相對於掌控語言與邏輯的左腦，我將負責想像的右腦稱作「神腦」。因為右腦（神腦）直接連結著宇宙與本源。使用魔法的時候，最重要的就是要用神腦思考。

我在上一本著作《神腦覺醒》中已詳細說明過，這次我想再講解一下基礎的部分。

所謂擅長想像的人，當他們滿心嚮往「好想變成這種人」的時候，這種人的樣子就會直接在右腦浮現出來。這就是施展魔法——設定自己在未來「要變成這樣的人」。

但是不擅長想像的人，會使用語言在左腦中彙整想法，然後再用右腦轉換成想像的畫面，若能在一開始就以右腦描繪出想像畫面的話，施展魔法時便不會產生時間差。所以請大家試著練習用下述方法切換成右腦。

◆切換成神腦的方法

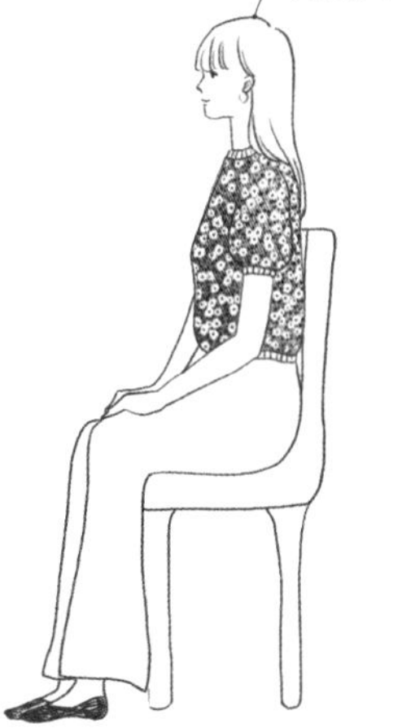

❶骨盆立起，背部挺直坐好。刻意使頭頂的穴道（百會穴）朝向天空。

❷後腦杓微向後傾，使額葉與脊椎呈一直線。

❸脖子慢慢倒下去後默念一聲「喀鏘」，頭部慢慢回復原位時也默念「喀鏘」。在掌握絕竅之前，發出「喀鏘」會比較容易進行切換。

像這樣切換成神腦之後，你就會變得很容易想像，可以不斷地從宇宙下載你所需要的資訊。

※掌握絕竅之後，不必再刻意切換就能直接用右腦想像。

本書獨家贈送的使用方法

1.靈魂出竅調諧卡

利用這張卡片，可以在你的身體形成一扇門。無論在哪個部位都可以，但是在額頭會比較容易集中注意力。首先請你手持卡片，朝著額頭慢慢靠近（此時你的手請不要觸碰到頭髮及臉部）。等到額頭開始發癢之後，請你想像此處有一扇緊閉的門。完成想像之後，再將卡片拿開也沒關係。

就這樣靜靜地閉上眼睛，請你用放鬆的姿勢看著這扇門。接下來，門會瞬間打開。請你想像自己奪門而出。穿過這扇門就是一望無際的金色世界。你的身體也變成了金色。請你與此處同化，並飄浮在其中。

這個地方，能讓你在身疲力盡時恢復精神，遇到困難時教你如何解決。只要你想就能馬上回來，只要一點聲音就會使你強制返回，請你放心試著前往這個地方。

2.Masayo式透視催眠引導音檔

本書可以體驗「Masayo式透視催眠療法」。

一般是由治療師負責引導，這次則是錄成音檔讓你一個人也能進行「自我治療」（詳情請參閱第105頁～）。

掃描下述QR碼或輸入下述URL，即可下載音檔。

Track 1　想像身體在空中飛舞
Track 2　查看自己的前世
Track 3　前去遇見未來的你
Track 4　前去遇見小小的你
Track 5　冥想用BGM（僅音樂）

http://kdq.jp/U5TwB

※此為MP3格式音檔（約84MB）。須透過PC或智慧型手機才可播放MP3檔案。
※本音檔為zip壓縮檔，使用前請先行解壓縮。另外，解壓縮時有時須另行取得解壓縮軟體，關於保存、解壓縮方法不再一一說明。
※下載所需傳輸費用由各位讀者自行負擔。
※嚴禁於第三方或SNS等網路上公開分享。
※本音檔會在無預告下停止、結束下載服務。

Lesson Day 1

第1天
的魔法課

冥想的魔法

透過冥想就能透視

你一聽到冥想，會聯想到怎樣的畫面呢？

盤腿靜座閉目深思，心「無」雜念。我想很多人的想法都是如此。

對我來說，冥想就是專注於腦海中，不間斷地觀察畫面。

我在透視的時候，通常會前往自己未知的地方進行「觀察」。總而言之，我認為用大腦透視其實就是在冥想。

既然如此，你經由我的引導，在腦海中不停浮現出畫面，就是在冥想。

讓意識放飛到未知的地方，隨後在腦海中浮現出來的畫面，就是整個宇宙，而不是你的妄想或某種想像。

腦海中也是集體意識、萬物意識融合的世界。

因此你不必試圖去窺看，當你在不知不覺中與他人的大腦同調時，就能看見這個人的人生，你的意識會降落到從未去過的國度及地區，還能看到這個世界。

而且持續觀察腦海中浮現的畫面，長時間專注的感覺，不知不覺便會超越「我」這個意識，接近一般所謂「無」的狀態。將注意力集中在腦海中，最終就會形成冥想時最注重的一種狀態：專注於「當下」。

在腦海中描繪「張開的單隻眼睛」，潛入其中即可透視

在《神腦覺醒》一書中，已經為大家詳細說明如何在腦海中練習想像，包含初階到高階的做法，全都是以觀察自己的課程為主。

本書除了會引導大家冥想之外，還要讓大家練習「預測」的魔法。

接下來將為大家介紹「大海冥想」、「岩漿冥想」、「天空冥想」、「宇宙冥想」這四種冥想與預測的方法。

透過這些咒語，進入透明屏障的球體裡，宛如潛入深不可測的海底及岩漿當中。

等到你抵達之後，不管在任何情況下，最重要的就是將注意力集中在「大幅張開的單隻眼睛」這個畫面上。

當你一直盯著這隻眼睛，你就會很神奇地不容易想到其他事情。隨後將注意力放在眼睛上，進入這隻眼睛之後，你就能前往未知的地方。

我會一步步引導你，所以請你放心跟著做。另外在本書獨家贈送的音檔（參閱第18頁）中有「Track 5 冥想用BGM」，你也可以在實作練習時播放這個音檔。

Masayo式冥想法必須專注於腦海中。透過這個冥想法就會「看見未知的事物」。

透過大海冥想帶來安心平靜的心活

「大海冥想」是會讓人深深感到心平靜氣的冥想。

人體少不了鹽分。除了在我們的體液裡內含鹽分，子宮內的羊水裡也存在鹽分，感覺生命完全像是在大海之中孕育而出。說不定在我們的身體裡，現在也存在著大海。

只要透過大海冥想，靜靜地潛入大海之中，自己身體裡的每一個細胞就會逐漸充滿能量，身心都會被深深地療癒。

Work

大海冥想準備工作

用輕鬆的姿勢坐下來。你可以坐在地上或椅子上都沒關係。

手掌朝上放在大腿上。

收下巴並閉上眼睛，從鼻子吸氣同時將下巴抬高。
吐氣時要從嘴巴呼氣，一面將下巴往下一面放鬆全身的力量。接著再稍微收下巴，就這樣回復成自然呼吸。

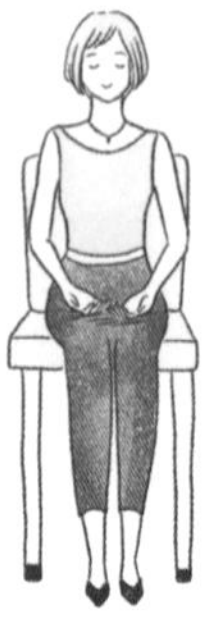

❶使用大海的咒語，張開透明的屏障

「YU～YU～YU　YU～YU～YU～」。

請唸出上述咒語。

每次唸咒語時，都想像周圍逐漸形成透明的圓形屏障。

屏障表面可能會寫著咒語。

❷進入球體當中，直接沉入大海裡

透明的球體會在你行走時，一圈圈滑順地滾動著。

你可以活動自如。

請你試著進入大海之中。

球體內充滿著空氣，所以你不會溺水。請你放心。

進入大海之後，你會一直往深處沉下去。

當你一路潛下去時，請你試著反覆念誦：

「沙依卡依　沙依卡依」。

❸盯著大幅張開的「單隻眼睛」開始冥想

完全沉入大海深處之後，你會在深海裡看見一隻很大很大的眼睛。

請你一直盯著這隻眼睛看。波浪會在這隻眼睛當中靜靜晃動。

大海是孕育生命之母，充滿包容力，請你委身其中，同時繼續盯著單隻眼睛。

當你一直看著單隻眼睛，是不是接收到了某些訊息？

它告訴你什麼呢？

「不要焦急」、「維持現狀就好」。

也許是類似這幾句話，有助於緩解你的不安。

也許是透過畫面，在告訴你地名、人物、數字符號、食物、未知的事情抑或從未去過的地方。

如果你已經感覺沒問題了，現在就可以結束冥想。請你靜靜地睜開眼睛。當你想讓心情平靜下來時，都可以試試大海冥想，並沒有時間一定要多長的規定。

從眼睛接收到的訊息，可能會在現實中出現某些巧合。感興趣的人不妨動筆記錄下來。

〈進階做法〉關於大海的預測

經由③使內心平靜之後，請你試著繼續觀察這隻眼睛的深處，練習察覺海底自然現象的變化，例如海底火山噴發或地震等等。

感覺像是被吸入眼底一樣，漸漸進入這隻眼睛的深處。

你身在何處的海底呢？大海與全世界時時相連。

某個國家或地區出現天搖地動了嗎？

有沒有哪個地方不斷冒出大量氣泡呢？

有沒有魚群竄動不停的地方呢？

身在球體當中的你，可以靠近這個地方。你不會遇到危險。

你覺得這種變化會在何時出現呢？

是三天後嗎？是一週後嗎？是一個月後嗎？

會出現多大規模的變化呢？

如果你已經得到啟示，你可以在喜歡的時間點結束預測。

請你將這個預測筆記下來。日後在現實中接連發生的事情，將會和你的預測如出一轍。

透過岩漿冥想，找回活力維持健康

「岩漿冥想」是你想從體內深處提升活力、精力時，最適合進行的冥想。

假如你現在提不起精神，原因是出在哪裡呢？

人際關係、工作、金錢、疾病、伴侶或是孩子的事……也許你遇到了具體的煩惱才會感到筋疲力盡。

或是莫名感到情緒低落，缺乏動力。

我天生一到冬天，就會出現冬季憂鬱的情形。幾日見不到太陽，就會心情沮喪，身心都提不起勁，總是感到有氣無力。

我認為這種時候就表示身心想要休息了，如果能夠喘口氣休息一下會比較好。

但是有時也會因為工作或是照護他人的關係，而無法讓自己休息。

地球內部從幾億年前開始，一直都有非常炙熱的岩漿片刻不消停地翻騰著。

岩漿炙熱的高溫與火焰的能量，其實就是生命能量。

岩漿的能量會為我們消融抑鬱，轉變成強勁的動力及熱情。

養精蓄銳形成能量，就能讓體內的活力不斷高漲。

人只要充滿希望或心有所求，在地球上或是你存在的空間裡，就會得到無與倫比的活力。

Work

岩漿冥想準備工作

用輕鬆的姿勢坐下來。你可以坐在地上或椅子上都沒關係。

手掌朝上放在大腿上。

收下巴並閉上眼睛，從鼻子吸氣同時將下巴抬高。

吐氣時要從嘴巴呼氣，一面將下巴往下一面放鬆全身的力量。
接著再稍微收下巴，直接回復成自然呼吸。

❶使用岩漿的咒語，張開透明的屏障

「都隆扎一　都隆扎一」。

請唸出上述咒語。

每次唸咒語時，請你想像周圍逐漸形成透明的圓形屏障。

屏障表面可能會寫著咒語。

❷進入球體當中，直接沉入岩漿裡

透明的球體會在你行走時，一圈圈滑順地滾動著。

你可以活動自如。

你就身在活火山之中。在地底深處，紅色與橘色的滾燙岩漿不斷翻騰。球體當中保持著一定的溫度，所以你不會燙傷。請你放心。

你會在生命能量的岩漿當中，一直往深處沉下去。

當你一路潛下去時，請你試著反覆念誦：

「沙依卡依　沙依卡依」。

❸盯著大幅張開的「單隻眼睛」開始冥想

完全沉入岩漿深處之後，你會看見一隻很大很大的眼睛。

請你一直盯著這隻眼睛看。火焰會在這隻眼睛深處熊熊燃燒。

當你一直盯著看的時候，可能會覺得胸部、腹部以及全身上下發燙燒熱。你身心的疲憊、煩惱，也會隨著岩漿的火焰逐漸消融。

當你一直看著單隻眼睛，是不是接收到了某些訊息？
正在告訴你什麼呢？
也許是在鼓勵你，
「心情放輕鬆」、「打起精神來」。
也許是在問你，
「現在想做什麼事？」
也許是透過畫面，告訴你未知的事情、從未去過的地方。

如果你自己已經感覺沒問題、滿足了，現在就可以結束冥想。
請你靜靜地睜開眼睛。
冥想並沒有一定要花多少時間的規定，不過岩漿冥想會使身體恢復活力，所以可能比較適合在早上或白天的時候進行。

從眼睛接收到的訊息，可能會使你獲得啟示，進一步激發你的活力。感興趣的人不妨針對訊息思考看看，相信在你試過之後就會明白。

〈進階做法〉關於地動的預測

經由③讓內心充滿能量之後，接下來請你試著繼續觀察這隻眼睛的深處，練習察覺關於「大地」的自然現象變化，例如活火山噴發、森林大火、山崩、土石流或地震等等。

感覺像是被吸入眼底一樣，漸漸進入這隻眼睛深處。

哪個國家、地區或島嶼的地殼發生變化了呢？

這是位在哪一帶呢？

你有沒有感覺到岩漿的溫度變化十分劇烈呢？

你對哪個國家或地區感興趣，就請你進入該地的岩漿當中。
你有沒有從地上的眾多山脈及地層，感覺到聲響呢？
身在球體當中的你，可以靠近這個地方。你不會遇到危險。

你覺得這種變化會在何時出現呢？
是三天後嗎？一週後嗎？還是一個月後呢？
會出現多大規模的變化呢？

如果你已經得到啟示，你可以在喜歡的時間點結束預測。
請你將這個預測筆記下來。日後在現實中接連發生的事情，將會和你的預測如出一轍。

透過天空冥想擴展創造力、想像力

「天空冥想」是**能讓你的想法及創意自由展翅高飛的冥想**。

經常有人問我，「Ｍａｓａｙｏ，妳的各種想法和靈感，都是從何而來的呢？」

其實我並不是絞盡腦汁想出來的。

就像被風吹來一樣，箭頭會朝著我降落下來。總而言之，我認為從天而降的一切可能並不是來自於我。

對我而言，我是得到靈感及創意之後，依隨著無形力量的引導而展開行動。

有人會說：「我缺乏想像力及創造力，所以想不出新點子。」

老實說，**我們都是具有形體的神，每一個人都在創造這個世界**。

當你很努力地想要「展現創意」，身心就會用盡全力。用力的時候，你就會在無意識下緊張起來，所以靈感及創意很難降落到你身上。

當你放慢腳步不強求或腦筋一片空白時，靈感及創意反而會突然從天而降。

請你放鬆心情，投身在一望無垠的青空之中，澈底解放吧！

相信你會感覺到，你可以自由創造自己的人生，逐漸發生轉變。

Work

天空冥想準備工作

這次的冥想，你可以坐著進行，也可以躺下來進行。

躺下來冥想的時候，請你依照下述做法開始進行。

閉上眼睛，並將全身的力量放鬆。

重複幾次深呼吸後，逐步將身體的力量放鬆。

接下來，再回復成自然呼吸。

❶使用天空的咒語，張開透明的屏障

「蘇望索望　蘇望索望」。

請唸出上述咒語。

每次唸咒語時，請你想像周圍逐漸形成透明的圓形屏障。

屏障表面可能會寫著咒語。

❷進入球體當中，直接往天空升上去

當你一進入透明的球體裡，就會輕飄飄地慢慢往天空升上去，就像氣球飄向空中一樣。

請你試著反覆念誦：

「沙依卡依　沙依卡依」。

地面上看起來如何呢？
你可以看見居住的城市、高山或大海嗎？
也許你還會看見極光或群山之間的閃電。
請你再試著往上升。
現在要重複一次咒語。

球體進到厚重的雲層當中。
穿過雲層之後，馬上出現了一望無垠延伸到四面八方的藍天。
請你在球體當中躺下來，好好放鬆。

❸盯著大幅張開的「單隻眼睛」開始冥想

經過一段時間之後，你會在藍天當中看見一隻很大很大的眼睛。

請你一直盯著這隻眼睛看。在這隻眼睛裡，會出現藍天與雲朵的景色。

當你一直盯著看的時候，緊張、胸悶以及「做不到」的想法就會慢慢消解。

當你一直看著單隻眼睛，是不是接收到了某些訊息？

也許會突然想起以前快樂的事情，或是某人的笑臉。

也許會出現你最喜歡的人或寵物。

也許會透過畫面看到未知的事情、從未去過的地方，也許具體的構想及靈感也會從天而降。

如果你自己已經感覺沒問題、滿足了，現在就可以結束冥想。

請你靜靜地睜開眼睛。

冥想並沒有時間一定要多長的的規定，天空冥想會使心情澈底解放，讓你感到放鬆，所以可能比較適合在早上或白天的時候進行。

反覆進行天空冥想後，說不定在日常生活中，就會愈來愈常發生靈光乍現的情形。若你在冥想的過程中，能夠發揮創意或得到靈感，你都可以試著執行這些想法，或是分享給其他人聽。

〈進階做法〉關於天動的預測

經由③緩解緊張的情緒之後，接下來請你繼續觀察這隻眼睛的深處，試著做出天氣預報，練習察覺關於天空自然現象的變化。

感覺像是被吸入眼底一樣，漸漸進入這隻眼睛深處。

哪個國家或地區的天空發生變化了呢？

有沒有哪個地方的天空出現神奇色彩、看見了海市蜃樓、風勢強勁似乎形成龍捲風、感覺快要出現暴風雨或颱風呢？

你覺得這種變化會在何時出現呢？

是三天後嗎？是一週後嗎？還是一個月後呢？

會出現多大規模的變化呢？

你還要挑戰看看長時間的預測。
就像天氣預報的長期預測（三個月的預報）一樣，請你試著觀察天氣。

今年日本夏天的天氣會如何呢？
氣溫會是幾度呢？颱風多嗎？夏季短暫還是漫長呢？

請你再試著觀察感興趣的國家或地區，那裡的天空會是什麼模樣？
哪個國家或地區會出現熱浪、乾旱或洪水增加的情形？
美國呢？非洲呢？歐洲呢？

如果你已經得到提示，可以在喜歡的時間點結束預測。
請你將這個預測筆記下來。日後在現實中接連發生的事情，將會和你的預測如出一轍。

透過宇宙冥想發揮潛力

「宇宙冥想」是能讓你捕捉存於次元間的能量，激發未知潛力的冥想。

先前為大家介紹的三種冥想，都能幫助你充分運用大腦培養出透視的能力，現在要請你試著透過宇宙的冥想，練習直接預測全世界。

前文提過，我們每一個人都是能量體，都是有意識的個體。通常會給自己的能力設限的人，都是我們自己。

我們會給自己設限，或許是因為我們擁有肉體的關係。

只要我們忘記肉體，意識就能前往任何地方。

無論那裡是號稱高次元的世界，或是不具形體的記憶本源，甚至還能拜訪過去的眾多偉人，無所不能。

我認為除了心靈能力之外，我們對於自己的能力常常都會抱持期待：

「希望變得更厲害！」

「想要更上一層樓！」

所以我們絕對不會對自己的能力感到滿足，覺得「這樣就夠了」。

雖然一開始的計畫是「達到這個目標就好」，但是當目標達成之後，一定會覺得自己還可以做得更好。

你在天空般寬廣的白色畫布上，與在圖畫紙大小的白色畫布上，所見到的格局就是不同。我認為**培養能力這件事，就是將自己心中的畫布不斷放大**。

畫布可以延伸到任何地方。無窮無盡。所以人都可以培養出無限的能力。

Work

宇宙冥想準備工作

這次的冥想，你可以坐著進行，也可以躺下來進行。

閉上眼睛，並將全身的力量放鬆。

重複幾次深呼吸後，逐步將身體的力量放鬆。

接下來，再回復成自然呼吸。

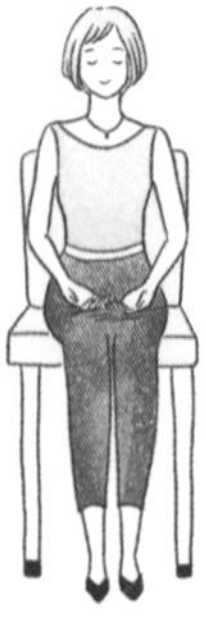

❶使用宇宙的咒語，張開透明的屏障

「U都囉勾囉　U都囉勾囉」。

請唸出上述咒語。

每次唸咒語時，請你想像周圍逐漸形成透明的圓形屏障。

屏障表面可能會寫著咒語。

❷進入球體當中，直接往宇宙升上去

當你一進入透明的球體裡，你就會一口氣上升，如同火箭飛向宇宙一樣。

請你試著反覆念誦：

「**沙依卡依　沙依卡依**」。

轉眼間你就會遠離地面而去。

請你繼續往上升。

現在要請你試著重複一次咒語。

突破大氣層後，進到宇宙之中。

從漫天無垠的宇宙看見的星空是什麼樣子呢？

比起在地面上看到的星星，是不是更清晰可見呢？

星星的顏色，與在地面上看到的不一樣吧？

銀河十分深遠，看起來很有立體感吧？
飄浮在宇宙的球體，完全就像搖籃一樣。
請你試著躺下來，好好地放鬆。

❸盯著大幅張開的「單隻眼睛」開始冥想

經過一段時間之後，你會在宇宙之間看見一隻很大很大的眼睛。
請你一直盯著這隻眼睛看。在這隻眼睛裡，會出現「藍色的地球」。
請你繼續看著這隻眼睛的深處。
感覺像是被吸入眼底一樣，漸漸進入這隻眼睛深處。
你現在會關注哪個國家或地區嗎？
舉例來說，曾經發生衝突或戰爭的地區現在怎麼樣了呢？

請你試著前往這個地方查看。試著降落到這裡。

何處還殘留著問題的導火線呢？

今後，會有怎樣的發展呢？

政治家、難民、罹難者、士兵……。

請你試著釐清真實的感受。

除此之外，請你試著查看你想知道的事情與你現在的想法。

舉例來說，先前新冠病毒全球大流行。

今後，會出現怎樣的變異株呢？

會持續到什麼時候呢？

請你試著俯瞰地球。你對哪個國家或地區感興趣嗎？

如果你已經得到提示，你可以在喜歡的時間點結束預測。

請你將這個預測筆記下來。日後在現實中接連發生的事情，將會和你的預測如出一轍。

預測會在不斷「命中與猜錯」的過程中愈來愈精準

這四種冥想，只要你掌握絕竅之後隨時都能進行。

甚至在咖啡廳或電車裡也能開始冥想。

假如你在腦海中「無法看到一隻眼睛」，或是「一隻眼睛張不開」的時候，建議你可以試著回想一下各頁的插圖。

久而久之，即便沒有插圖，你只要閉上眼睛就會在腦海中看見「單隻眼睛」，或是「單隻眼睛」會張開了。

等到這個時候，你可能會想要馬上預測看看。但是請你不要過度逞強。

一開始的時候，請你先暫時盯著眼睛一段時間，讓自己一步步習慣轉換成輕微的出神狀態。如此一來，大腦就會隨你運用自如，預測也會更加精準。

等到你隨時都能在腦海中浮現張開的「單隻眼睛」，馬上就能將注意力放在眼睛上的時候，再試著接收訊息或預測看看。

大方公開看見的一切

關於預測這件事，請抱持一種觀念，預測會在不斷「命中與猜錯」的過程中愈來愈精準。我有時會在部落格中告訴大家，當我預測「事情會演變成〇〇」時，也不敢保證能夠百分之百命中，因為我也還在努力當中。透視這件事並沒有終點。

現在的我，不管命中或猜錯，完全不在乎結果如何。**因為我認為，前去透視眾多無形力量指引我們的世界，並分享給其他人的過程，才是重點所在。**

多數到了最後，都會和無形的眾多力量指引我們看見的如出一轍。

過去我也會對無形的力量讓我看到的一切、教我的一切感到有些質疑，缺乏自信。我會出現自我保護意識，害怕「猜錯會很丟臉」、「猜錯的話會被當成騙子」。相信不只有我，肯定也有非常多的人都有一樣的想法。我想這就是害你畏縮不前的原因。

沒關係。你不必擔心「自己人微言輕」。你不用畏縮。**因為你只要將腦海中看到的一切，大方公開即可。**

只不過，你不可以說出類似「世界末日」這種只會引人恐慌的事情。

當你在觀察腦海中浮現的各種畫面時，未來的故事就會慢慢地從天而降，讓你明白「事情應該會如此發展」，相信你會領悟到獨一無二的透視祕訣。一開始的時候，你也不必過度要求自己「要做得很好」。

重要的並不是命中或猜錯。
而是坦誠接受無形世界告訴我們的一切。

Lesson Day 2

第2天的魔法課

咒語的魔法

什麼是咒語？

當你一聽到「咒語」，會聯想到什麼事情呢？

有的人會想起母親撫摸著孩子身上疼痛的地方，一邊唸著類似「痛痛飛走了」的咒語，有的人可能會想到動畫片主角口中的著名台詞。

但是坦白說，**並不是因為唸了這些咒語才能使出魔法，而是因為用了魔法才能唸出咒語。**

為什麼你現在會在這個地方呢？

你是從何而來，又會回歸何處呢？

說實話，我們沒有人知道這些答案。但是有一點無庸置疑，就是現在你就在這裡。

為什麼會有你的存在？你可能思考過這個問題，或許也有人從未思考過。

假如你並不是單純身在這個地方，而是「被迫身在此處」的話，你作何感想呢？

或許這是神或偉大力量的主意。

如果你身處的地球，正是為了使用魔法才會存在的練習場地，而你的存在就是為了練習使用魔法的話，你作何感想呢？

光是這樣的想法，就會讓你對周遭一切的認知出現巨大變化。

哪怕是路邊不起眼的石頭，都會變成魔法的寶石。

下載個人咒語的祕訣

在這個章節，將會開始練習使用神奇咒語來施展魔法。在這當中，也為大家準備了下載個人專屬咒語的實作練習。

可以下載專屬於你的個人咒語，這點就是在說明你具有使用魔法的能力。

我會透過實作練習引導大家，當你在需要咒語的場合下，突然想到可以當作咒語的字句時，請你試著使用這些咒語看看。

無法馬上下載咒語的時候，請你試著從右上方45度左右的地方動動右腦（腦海中），想像一下類似「○△☆＊％＃」的字句從天而降。

假如這麼做還是想不到咒語時，建議你參考16～17頁介紹的內容，做出右腦（神腦）立於脊椎之上的姿勢，練習看看左右腦的切換。

咒語從天而降之後，如果是你第一次聽到如此排列的字句，有時候可能會很難記起來。

建議你腦中浮現畫面之後，馬上在筆記本上寫下來。

咒語沒有固定模式。
試著用大腦下載專屬的個人咒語。

利用魔法養成幸福體質

很多人都說，「幸福」是自己內心營造出來的感覺，我也有同感。

為了讓你想起如何使用魔法，第一步要請你做的練習，就是回想你內心深處名為「幸福」的神奇魔法。

這就等同於發現你心中的幸福，事實上就是你一直很感謝的事情。讓你充滿感謝之情的對象，可以是一個人，也可以是無形的偉大力量或神，甚至可能是「Great Spirit」（宇宙的基本原理）也無所謂。

全心感謝，只想著「感恩今天也過得十分充實」的心情，就存在我們的心中。

只是一旦發生意想不到的事情，人就會變得不懂得感謝。不過這樣也無妨。

我認為這也是身為人的天性。

這就是使用咒語，從你心中強迫釋放出幸福的魔法。只要施展這個魔法，你**就能養成幸福體質，心懷感謝度過每一天。**

這個方法會在唸出咒語的當下，同時使用到大腦。其實你的大腦，就是構築幸福的地方。

這也會成為讓大腦活躍思考的一種練習。

Work ❶ 尋找體內幸福魔法的開關

首先請你想像一下你的身體內部。

在你身體的某一處有一個中心位置。

這個中心位置，就是幸福魔法的開關。

身體的中心位置會因人而異。

請你找出在你體內的中心位置。

請你試著依序想像一下你的身體內部。

請你試著依序將注意力放在自己身體的每一個部位，例如：頭部、眼睛、鼻子、嘴巴、耳朵、喉嚨、鎖骨、胸部、心窩、肚臍後側、下腹部、手臂、雙腳、手指……等等。

在這個過程中，請你將有所感應的部位，設定成你的中心位置。

❷ 一面唸出幸福魔法的咒語，一面暗示自己「我會使用魔法」

當你找到幸福魔法的開關之後，請你試著按下這個開關，同時唸出幸福魔法的咒語。

幸福魔法的咒語，其實就是你現在腦海中浮現的咒語。

即便是在某個地方聽過的一句話也沒關係。這就是你幸福魔法的咒語。

順便和大家分享一下，我的幸福魔法咒語是「**唰啦啦啦**」。

❸找不到幸福魔法的開關時該怎麼辦？

假如你找不到身體的中心位置、幸福魔法的開關，請你試試下述方法。

有一股強勁風勢環繞著你的身體。請你想像一股氣流。

你位在颱風眼當中。颱風眼當中有你的身體。

現在請你進一步將焦點放在身體上。

接下來，身體當中應該會出現漩渦。

所以希望你在身體當中，找到這個漩渦的中心點。

你的身體（靈魂）周遭，也許會有平穩宜人的和風吹撫，也許是鋪天蓋地的風暴。那是包圍你中心位置的心。

你的中心位置，就位在這顆心深處的部位。

位在這顆心深處的部位，如果用你的身體來表示的話，會是哪個部位呢？

是丹田嗎？是肚臍嗎？

是胸部嗎？是喉嚨嗎？是額頭嗎？

請你來決定，你覺得適合的身體部位。

由你做主就行了。

決定好這個部位之後，漩渦會在這個部位的四周層層環繞，將你中心位置的開關隱藏起來。

接下來請你找出這個漩渦的中心點、颱風眼。

找到颱風眼之後，請你進入颱風眼當中。

也許有人是從上方進入，也許有人是從下方進入。

請你一步步找出你中心位置的部位。

現在你的中心位置，是在身體的哪個部位呢？

在這個中心部位，會有一個開關。

開關是什麼形狀呢？

請你想像一下，從這個開關散發出某種金色的光芒。

現在請你按下這個開關，同時唸出你的幸福咒語。當你一唸出咒語，就會施展出幸福魔法將你包圍。

就算你難以置信也無所謂。總之請你唸唸看。

如果這樣你還是無法設定開關，你可以用右手中指往眉間按下去，然後再唸出咒語。

「咻—嚕咻—嚕」。或是用你在②設定的咒語也行。

現在從你的開關散發出一道光。

請你再唸一次**「咻—嚕咻—嚕」**。

請你試著唸誦咒語，直到你的身體內部被溫暖的感覺淹沒為止。

開關一定就在你的身體裡。
請你反覆嘗試直到找到為止。

借助身旁眾多精靈的力量

以前我在出版《二〇一八與帶來幸福的妖精和平共處的記事本》（幸せを運ぶ妖精と仲良くなる手帳2018，扶桑社）一書時，曾經請妖精教我召喚妖精的咒語，這句咒語就是「**帕魯修姆帕魯修姆**」。

「**帕魯修姆**」其實是用來召喚花朵精靈，可以討祂們歡心的咒語。後來才演變成召喚妖精時，一看到花就會不自覺地唸出「**帕魯修姆帕魯修姆**」這句咒語。

召喚樹木精靈實現願望的咒語

這次我想教大家一個借助樹木精靈力量的咒語。

這是公園裡學名為櫸樹的參天大樹傳授給我的咒語。

其實只要是觸感舒服的樹木，不管是庭園裡的樹或是公園裡的樹都沒關係。

「啾哩啾－嚕 啾哩啾－嚕」。

請你試著用手撫摸樹木，再唸出咒語，**「啾哩啾－嚕 啾哩啾－嚕」**。

我曾經詢問過祂，為什麼只要單純重複同一句話呢？得到的回覆是因為「太難的事會記不住」。

我又問：「是在說我嗎？還是在說眾多的樹木精靈呢？」結果似乎是二者皆是。

除此之外，**我還學到一件事，咒語會重複同一句話是有意義的。**

當你觸摸樹木並唸出**「啾哩啾－嚕 啾哩啾－嚕」**的咒語後，接著請你試著撿起掉在這棵樹周圍的一片落葉，用食指與大拇指捏著，對落葉說出「你希望這片落葉變成怎樣」的想法或心願，例如「希望變成機票可以飛往想去的地方」、「希望變成一艘大船」、「希望變成錢」。

請你將心裡的想法說出口，然後捏著落葉，一面唸出樹木咒語一面將落葉輕輕地放在樹根的地方，或是讓落葉隨風飄走。

因為樹木的精靈，就是能讓人們願望實現的精靈。

能將不安化為喜悅的精靈咒語

其實精靈及妖精也和我們人類一樣，形形色色無奇不有。

精靈除了會出現在大自然，也會出現在家中。而且祂們一經召喚就會立即現身，十分可靠。

在這世上，精靈的數量多到我們肉眼無法辨識。

雖然你總以為自己埋頭苦惱，事實上你並不是一個人。

無形的力量時常陪伴在你左右，為你費盡心機，設法讓你現在的痛苦可以稍微緩解一些。

舉例來說，當你惶惶不安心神不寧時，或是擔心某些事而心情沉重時，**都會有精靈來幫你抒解負面情緒。**

「咻－咻嚕 咻－咻嚕」。

這句咒語，就是名為**咻－咻嚕 咻－咻嚕**的精靈教給我的歡喜咒語。

只要唸出這句咒語，精靈就會馬不停蹄趕到你的身邊，為你帶走不安，為你帶來喜悅和平靜，讓人十分感激。只要你召喚祂，祂就會幫助你除去不安。

當你因為恐懼而感到不安時，請你召喚火的精靈及世巍（鬼神），你就會得到力量。

「哈哭秋嚕 哈哭秋嚕」。

用這句咒語，就能召喚名為炎巍的鬼神。

炎巍會將你內心不必要的情緒焚毀，化為灰燼，幫你平定因不安而起伏的心，促使你淨化與再生。

無形的力量經常陪伴在你左右，
為你費盡心機付出一切。

七色粉末的咒語

俗話常說，人生是一連串的選擇與取捨。過去的你是如此，未來當然也會充滿許多選擇。

「做這個選擇好嗎？」有時候你可能也會閃過後悔的念頭。

這種時候，當你要向前跨出一步時，請你唸出這句咒語：

「薩拉美拉哭ー嚕 薩拉美拉哭ー嚕。」

同時在腦海中將七色魔法粉末撒在你的腳下。

這句咒語與七色粉末，就是用來緩解你的不安，使你的未來永遠備受祝福，一帆風順的魔法。

當你遇到問題，感覺半途受阻，想要轉換方向選擇新的跑道時，就唸這句咒語：

「薩拉美拉哭－嚕 薩拉美拉哭－嚕。」

同時請你將七色魔法粉末撒在腳下。

不僅在左右人生的決策時刻，日常生活中你也能使用這句咒語。

比方說「很不想去上班」、「非得出席不感興趣的聚會」、「去參加考試」、「擔心簡報會不會順利」等時候，甚至在出門前感到不安或焦慮時，你都能唸出這句咒語：

「薩拉美拉哭－嚕 薩拉美拉哭－嚕。」

同時撒下七色粉末。

使自己沉浸在魔法中，相信「自己的選擇永遠是備受祝福的」，就容易感到安心而能勇往直前。

這句咒語與七色粉末，
會照亮你前進的道路。

緩解身體疼痛的咒語

當身體不適，或是身體某處疼痛時，我認為將神聖曼荼羅的能量搭配「POWER OF LIFE」這句咒語，就會成為最佳的止痛劑。其實這個方法，是無形的力量傳授給我的。

這個方法，我早就在《能量魔法》與《靈氣療法》這幾本書中為大家做過介紹，現在再為不了解的人簡單說明。

所謂的神聖曼荼羅能量，是由生命之花的圖騰加上六芒星所組成的符號。你不能只是看著這個圖騰，而要運用想像力澈底發揮圖騰的力量，否則毫無意義。

做法就是在腦海中想像著神聖曼荼羅能量圖，再融入身體裡。

舉例來說，假如你肚子痛，請你將手輕放在腹部，再從手中、十指間將這些圖騰無止盡地傳送出去，並將「POWER OF LIFE」這句咒語唸三次。如此一來，你感到不適的地方就會康復。這就是神聖曼荼羅能量療法。

事實上就算你無法將手放在疼痛處，只要想像神聖曼荼羅的圖騰會融入其中再唸出咒語，也能發揮效果。

當你單憑意識就能澈底運用這個方法時，就可以展開遠距治療。

許多部落格的讀者都很開心地向我回報，「住在遠地的母親風濕痛減輕了」、「不適症狀改善了」。

神聖曼荼羅能量，單靠想像也能發揮效果。

※疼痛緩解等情形為個人感受，並不保證會出現效果。

呼喚好運　彩虹咒語

彩虹是光的折射。當空氣中的水滴反射陽光後，就能看見這種自然現象。即便了解這個原理，但是當美麗的彩虹及彩雲一出現，我們往往會看到入神而久久無法言語。

因為我們的靈魂一直都知道，彩虹具有能量，可以使看見的人變幸福，帶來好運。

但是從前的我，可以說幾乎無法看見彩虹或彩雲。因為我認為，無論是彩虹或彩雲，都不是偶然一見，而是偶然相遇，所以我才會見不到。

但是當我的觀念稍微改變之後，現在已經可以盡情觀賞了。

彩雲出現的條件是，「太陽附近有雲朵出現時」。

彩虹出現的條件是，「下雨過後或是下太陽雨時，太陽位置不會過高」，在這些狀態下就有極高機率能夠遇見。

請你練習運用彩虹咒語，看見彩虹及彩雲吧！

「哈拉哩嚕 哈拉哩嚕」。

左手輕握，放在胸部的位置。

右手張開，朝天空畫出扇子一般的弧形。

接下來請你唸出**「哈拉哩嚕 哈拉哩嚕」**這句咒語，同時試看看。

當你在「十分高興能見到彩虹」的心情下，你最寶貴的心靈就會染上七種色彩，永遠心平氣定感到十分滿足。

你的靈魂一直都知道，
彩虹具有祝福的能量。

Lesson Day 3

第3天的魔法課

牌卡的魔法

利用透視塔羅牌做出預測

在這一章，就來利用塔羅牌練習透視。

當別人問你問題，而你在自己腦海中看到答案時，這個答案就是一種透視，你已經在進行通靈。

雖然你只要將這個答案告訴對方即可，但是當你試圖透視某人的時候，如果這個人是「初次見面」的人，或是你會因為這次預測得到報酬的話，一開始其實會讓人對這件事感到非常非常害怕。

因為你往往無法相信自己，「不知道預測是否正確」，不然就是擔心「對方可能不會相信自己所言」。

在這種情形下，你要一邊拿著塔羅牌洗牌，一邊聽對方的問題，並在自己的腦海中透視答案。接著再讓對方看著塔羅牌，同時說出你腦海中的畫面，如此便可以告訴對方，「塔羅牌的指示就是如此」。

因為很多人在使用塔羅牌後，就能充滿自信地做出解釋。

為了將自己透視到的一切說出來，最重要的就是如何為塔羅牌賦予意義，我將這套方法稱作「Masayo式透視塔羅牌®」。

相信擁有塔羅牌的人都知道，使用塔羅牌占卜的方法成千上萬。塔羅牌的解釋也是五花八門。

但是透視塔羅牌的做法裡，並沒有「非怎麼做不可」、「務必遵守這種擺牌方式」的規定。

我會教大家我的基本做法，大家也可以變化成自己方便進行的方式。

塔羅牌有助於將透視結果表達出來。
使用塔羅牌能讓人在說明時充滿自信。

試試看Masayo式透視塔羅牌

塔羅牌內含五十六張俗稱小阿爾克那的牌，以及二十二張俗稱大阿爾克那的牌，合計共七十八張牌。在這裡會使用二十二張大阿爾克那牌（開始算透視塔羅牌之前，先進行大海冥想〔參閱第23～26頁〕會更容易集中精神，也能接地）。

Work

透過塔羅牌透視的方法（基本的凱爾特十字）

❶在腦海中想像對方提問的內容，同時拿著塔羅牌洗牌。

❷等到腦海中出現答案之後，先將塔羅牌分成三個牌堆。

❸將❷整理成一個牌堆，接著再次洗牌，然後擺成凱爾特十字。出現逆位牌也不必在意。你也可以擺回正位。

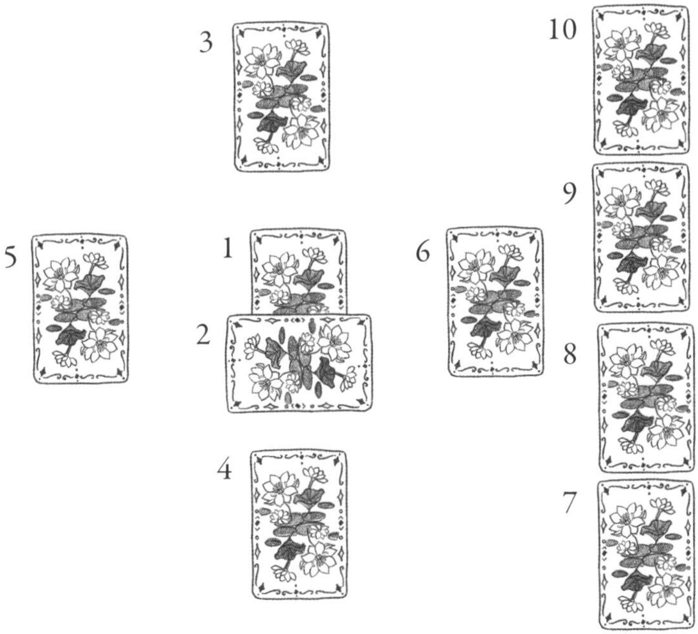

1…現在的狀況

2…阻礙、妨礙

3…顯意識

4…潛意識

5…過去的狀況

6…不久的未來

7…今後的變化

8…周遭的狀況

9…願望

10…結果

※ 凱爾特十字牌陣的配置，會依不同地方的教法而異。有時2號的配置會不一樣，5號、6號的配置會相反，並沒有對錯之分，所以你也可以變化成自己容易記住的做法。

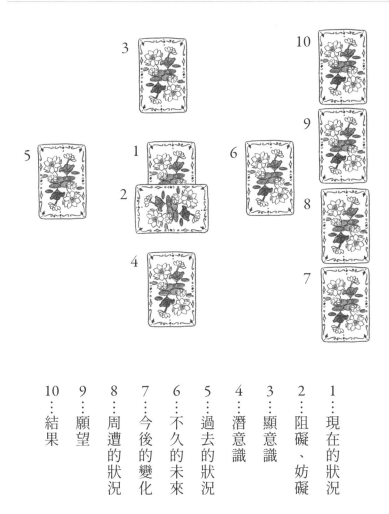

告知解讀結果的祕訣

舉例來說，假設對方提出了「何時才會出現結婚對象？」的問題。

首先你要看著當事人洗牌，當你在桌上洗牌的同時，還要在腦海中想像這個人的未來。

針對「大約何時」的提問，如果你的腦海中浮現出「3」這個數字，此時要先將塔羅牌分成三個牌堆。將這三個牌堆整理成一個牌堆之後，再次洗牌並排成「凱爾特十字」這類的牌陣（牌形）。

如果是一般的塔羅牌，會從牌卡放置的位置，解讀過去、現在、未來、潛意識與顯意識。還有一種解讀方式是，在十字重疊的牌卡當中，從上方橫擺的牌卡就是代表障礙。

但在透視塔羅牌裡，並不需要太在意這類規則。請你以自己腦海中出現的畫面為優先。

若是擺成凱爾特十字，在確定過去、現在、未來之後，你要看清楚在自己腦海中出現的「3」是代表什麼意思。你要檢視攤開的整副牌，仔細觀察是指三週後嗎？三個月後嗎？三年後嗎？或是出現三的日子？是三月嗎？甚至是「今後會遇見三名男性」的可能性。

到頭來，一定會出現接近這個答案的牌。

針對「會是怎樣的伴侶？」這個問題也是一樣，如果你的腦海中有出現這個畫面，你就指著適合當事人的牌解釋說：「就是像這樣的人。」

另外若是占卜「緣分」的時候，一定要在最後告訴當事人，你看到的未來發展是如何，如果出現了會成為伴侶的人，大多會翻出意指成就或完成的「世界牌」，或是代表愛情的「戀人牌」，所以你可以針對這部分說明一下。

請你將塔羅牌套用在自己的透視結果當中，並視為一種訓練，才能用簡單明瞭的方式解釋給對方聽。

當腦海中的畫面與塔羅牌的結果不同時

有時在自己腦海中看到的畫面，會和塔羅牌的結果不一樣。即便如此，你還是不能依賴塔羅牌，請你相信自己透視到的結果。**塔羅牌的結果，頂多當作輔助的角色。**完全依賴塔羅牌的話，就會變得無法相信自己的透視。如此一來，你會愈來愈無法提出肯定的答案。

這會使你受塔羅牌影響，隨塔羅牌操控，最後導致聽你解讀的人備感困惑，所以要特別留意。

請別受限於每一張塔羅牌的位置及意義，如果是凱爾特十字牌陣，請你掌握關鍵的牌之後，再從整副牌解讀狀況，參考這種方式思考看看，如何將塔羅牌貼近你腦海中出現的畫面。

覺得凱爾特十字牌陣難度太高的人，也可以先從單張牌占卜、雙卡組合、三卡組合這類牌數少的牌陣開始練習，將腦海中出現的畫面套用在塔羅牌上再做出解釋。

別說會令人不安的話

其實不限於透視塔羅牌，**當你在透視一個人的時候，千萬不可以說出會令人不安的話。**

算塔羅牌的過程中，有時會在自己身上感應到當事人的不適症狀。即便你察覺到疾病的事、壽命的事、某些不愉快的事，也不要直話直說，應該用下述這種方式旁敲側擊：「〇〇沒問題吧？」假如對方出現你很擔心的症狀時，請你委婉地告訴他：「請你盡快去看醫生喔！」

「我想和現任男友結婚，何時能步入禮堂呢？」

聽到當事人這樣問你，但是你腦海中卻無法透視到當事人與對方的未來時，或是你發現當事人和對方分手會比較好的時候，要向當事人一語道破實在是件很為難的事。

當事人總是會十分期待聽到自己想要的答案。但是你若因此撒謊，說出對方想聽的答案，絕對不是件好事。

我也曾經遇過有人一聽到與期待的答案截然不同而勃然大怒。但是也有人在過了幾年之後才來跟我說：「結果真的就像Ｍａｓａｙｏ妳說的一樣。」

真正為對方著想的話，哪怕是難以啟齒的事，你都可以用不會傷人的說法，想辦法將事實、你看到的一切說出來。

舉例來說，你可以告訴當事人「這是塔羅牌的說法」，例如「塔羅牌表示你會很辛苦，所以勸你最好分手」。

想要練習說出難以啟齒的事，使用塔羅牌會非常有幫助。請你對自己的透視結果有自信。

在占卜的世界裡，名氣響亮或是人人都說「很厲害」的人，並不會凡事都依賴工具，絕大多數都是觀察自己透視的結果。因為這樣才會準確得多。

與當事人深入溝通最重要

除此之外，有時也會遇到當事人明明不是真的想結婚，卻向你提出「我想結婚，何時能步入禮堂？」的問題。

其實比起結婚，他還有其他更想做的事，或是心煩的事。雖然他想向你諮詢這方面的問題，卻羞於啟齒，這樣的情形都有可能發生。

這種時候，你腦海中看到的畫面，就會出現與結婚完全不相干的事情。

畢竟預測的時間有限，請你專注於腦海中浮現的畫面，再問對方「你現在是不是在擔心這件事？」試著慢慢地深入對話。

你不必焦急，我認為最重要的是要讓對方放輕鬆，這樣才容易與對方對談。

要對自己的透視結果充滿自信！
而且最重要的，是要貼近當事人的心。

使用神諭卡的Masayo式透視塔羅牌

透視塔羅牌，也可以改用神諭卡。

我在本章節使用的是以前推出的「日本女神　透視解讀卡」（日本の女神 透視リーディングカード，KADOKAWA）。前文介紹過的凱爾特十字牌陣，同樣也能改用神諭卡，接下來為大家介紹另外二種牌陣（擺法）。

「日本女神卡」這款神諭卡，可以借助二十二尊＋十二尊日本女神的神奇力量。

牌上會標記來自女神的訊息。

隨牌附上的小本子裡，也會說明女神的關鍵字等涵義，不過在算透視塔羅牌的過程中，最重要的還是**你透過直覺從這些女神接收到了哪些訊息**。

Work

查看現狀的方法（二十二張女神卡）

❶看著女神的臉，保持頭腦清醒（逐一觀察女神卡，你就會愈來愈專注。這樣能使你心平氣靜，保持頭腦清醒的狀態）。

❷向女神詢問當事人現在的煩惱等問題，就像在搭話一樣，同時開始洗牌。

❸慢慢地從左往右擺出七張牌。在這七張牌的下方，也是同樣由左往右擺出七張牌。最後再一次由左往右擺出七張牌。

❹牌卡會剩下一張。這張牌就是女神要給你的訊息。

大家可能會納悶，明明不需要依循如此麻煩的步驟，只要抽出最後一張牌結果不是也一樣，但是趁著這段時間，你可以與女神卡面對面，加深與女神的連結。

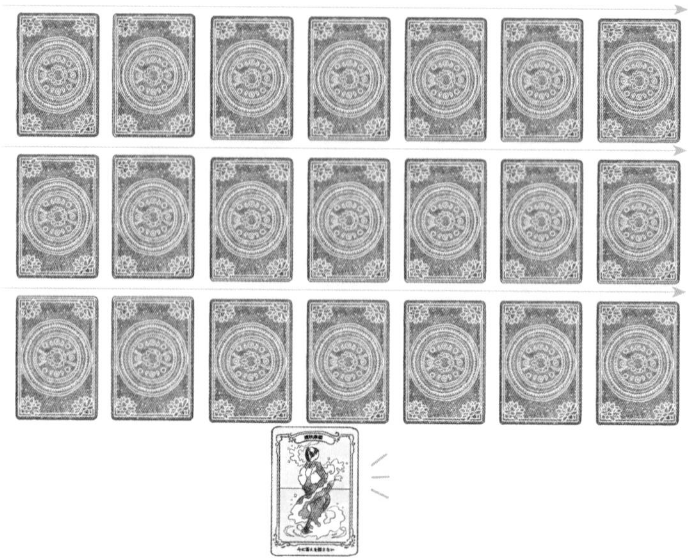

女神卡並不像塔羅牌會明確顯示是非對錯。所以需要比塔羅牌更高度的通靈能力。

因此，最重要的是你在翻牌的那一刻從女神接收到了哪些靈感。而且你還要參考女神的表情，以及牌卡上標示的訊息，同時搭配自己腦海中浮現出來的畫面做出解釋。

如此一來，你就可以隨著女神的神意，和女神一起找出答案。

舉例來說，假設當事人向你提出「現在是否應該換工作？」的問題。結果最後出現的是「速秋津比賣神＊」牌。

＊日本神話中的水神。

首先在你腦海中，是否看見了當事人換工作後的身影？畫面中出現了什麼模樣呢？你要以此為主軸。

依照這個主軸，假如你從速秋津比賣神牌接收到的訊息是「現在找不到答案」的話，請你搭配腦海中出現的畫面進行解讀，比方說「也許不必急著換工作」、「就算沒換工作，在今年內應該就會獲派不同的工作」。

Work

查看過去、現在、未來的方法（三十四張女神卡）

❶看著女神的臉，保持頭腦清醒。

❷請你向女神詢問當事人提出的問題，就像在搭話一樣。

接下來，要請求女神告訴你關於當事人的過去、現在、未來，同時開始洗牌。

❸從左往右擺出三張牌。在這三張牌的下方，也是同樣由左往右擺出三張

牌。最後再一次由左往右擺出三張牌。上排表示過去，中排表示現在，下排表示未來。

❹從每一排單獨翻開一張你喜歡的牌。這三張牌就是女神給你的訊息。

如何接收、讀取來自女神的訊息，做法與前文所述「查看現狀的方法」相同。

一開始，請你在腦海中觀察當事人過去的狀況。

接下來，再參考上排翻開的牌進行解讀。

隨後要在腦海中觀察現在的狀況，並參考中排翻開的牌提出你的解讀結果。

最後，你要將腦海中的畫面融合女神的神意，提出你認為未來將如何變化的解讀結果。

舉例來說，假設當事人的問題是「丈夫外遇了該怎麼辦」。

請你試著在腦海中，觀察過去當事人夫妻相處的情形。

假設上排表示過去的牌，出現的是「若姬」牌。如果在你腦海中出現的畫

面，都是當事人無憂無慮開心的模樣，你就可以解讀成過去她的家庭十分溫暖又和樂。

接下來，請你試著在腦海中觀察現在當事人夫妻相處的情形，以及當事人家中的模樣。

中排表示現在的牌，出現的是「泣澤女神＊」牌。插圖中的女神按住胸口，雙眼緊閉著。如果在你的腦海中出現了當事人的先生，他在看著潸然淚下的當事人，你就可以解讀成當事人感到不安，一個人不知如何是好，心神十分混亂。

＊為《古事記》中井水湧泉之神。

最後，請你試著在腦海中想像當事人未來的模樣。下排表示未來的牌，出現的是「瀨織津姬＊」牌。假如你在腦海中看到了當事人喜笑顏開，再搭配上瀨織津姬牌「一切歸零」的訊息，就能解讀成妥善做出決定並樂觀其成。「她會怎麼樣」、「她和誰在一起」、「她會和先生重修舊好嗎」，你只要像這樣在腦海中進一步仔細透視即可。

話說回來，為什麼不是擺出三張牌，而是合計需要擺出九張牌呢？這是希望你能提升捕捉細微感覺的能力，使牌卡發揮神奇的力量。

希望你能相信自己的感覺。

＊日本神話中掌管災難與厄運的神明，八百萬神明之一。

獨自透視他人的練習方法

假如你身邊沒有可用來當作練習的人，有一個獨自練習的方法，你可以試著拿電視藝人當成練習的對象。

你在透視藝人的時候，就從「這個人在煩惱什麼」開始練習。請你想著這個問題，再一面洗牌。

接下來，你在腦海中就會看到「現在他雖然在演戲，但其實真正想做的是歌手」、「他已經累到全身無力，似乎很想休息」、「近期他也許打算閃電結婚」這樣的畫面。

當你透視的對象是藝人，就能參考現實中耳聞的相關演藝新聞，對照透視的結果。

尤其當你並不是這個藝人的粉絲，卻突然對他很好奇，也許他還會在夢中出現。明明「完全扯不上關係」，卻不可思議地一直想到這個藝人，結果隔天就在電視上一直看到他，或是他竟然變成了新聞話題。像這樣你覺得風馬牛不相干的人，不知不覺間卻和我們的意識相連結，所以你才會捕捉到他的未來。只要你將注意力放在對方身上，就可以進一步透視這個人的過去、現在、未來。

坦白說，「透視塔羅牌」甚至可以使用撲克牌，或是裁切後的白色圖畫紙來練習。

使用一片空白的紙張做練習，你就不會依賴塔羅牌或神諭卡，**最後你完全不需要任何東西**，單靠透視就能看到對方的一切，完成獨自透視他人的練習。

也就是說，當你能夠用白紙透視他人的時候，你就不再需要牌卡了。有時候牌卡反而會對透視造成影響。

> 最終目標是「讓自己不再需要牌卡」。
> 必須以此為目標不斷練習。

Lesson Day 4

第 4 天的魔法課

催眠的魔法

什麼是催眠療法？

催眠療法，就是一般所謂的「Hypnotherapy」。

讓人在催眠狀態下，找出問題的原因。

進入催眠狀態後你會看見許多畫面，有的人會「看見上輩子」、「見到高次元的自我」、「見到內在小孩」，甚至會「出現胎兒退化」。

我在為他人進行催眠療法時，基本上除了「未來」以外，**並不會限制透視的內容**。有時在引導的過程中，不知不覺就會顯示出對方現在面臨的煩惱其實起因於前世，或是來自這輩子過去的創傷。因為即便你試圖透視前世，原因也未必就在前世。

這種情形下，與其強行將當事人引導至前世，倒不如與對方的大腦共享畫面，讓出現在對方眼前的力量指引一切。

我將這種力量稱作「你的嚮導」，簡稱「嚮導」。嚮導可能是你不認識的人，也許是你的內在小孩，或是上輩子在某處有過連結的人。就算你不知道這個人是誰，這個人卻會在你需要的時候出現在你面前。

此外，一般的催眠療法在深入探討你執迷不悟的事情時，有些治療師會跟你說至少須接受十次的前世療法，才能找出原因（據說一個人有上百個前世，所以很難一次就能找到原因）。

但是我在嚮導的指引下，一次就能找到原因。

每個人都有「嚮導」，而且會在必要時出現在你面前。

什麼是Masayo式透視催眠療法？

話說回來，究竟何謂「Masayo式透視催眠療法」？其實就是觀察當事人（對方）與治療師在腦海中浮現的相同畫面，並加以引導的方法。

這是我在約莫十五年前設計出來的方法，當時我正在進行催眠引導，在不知不覺下開始透視，結果竟發現我和對方看到了相同畫面。

後來有一段時間，我一直在住家附近的集會所教大家透視催眠。

這個為期一年的講座每月只需千圓，適合想成為治療師，卻無力報名昂貴課程的人來參加。

起初我的想法是，希望大家在別處花大錢之前，可以先了解自己適不適合成為催眠治療師。

適不適合成為催眠治療師，並不是看你花了多少錢、上過幾次課，就能改變事實。即便你花了幾十萬、數百萬，不適合的人還是很難成為催眠治療師。

一般認為最困難的部分，歸根究柢應該是你能多貼近當事人的心，察覺他們的想法。

適合成為催眠治療師的人，我認為是內心像海綿一樣的人。內心像海綿的意思是，**自然而然親近對方，懂得掌握對方的心境變化**。

也就是說，適合擅長使用右腦，對於理解對方想法瞬間解讀十分拿手的人。

而且貼近對方的心情，這種事在家庭裡或是在職場上都同樣重要。

想要成為優秀的治療師，最重要的就是貼近對方的心。

首重「放鬆」這件事

接受催眠療法之前，據說最重要的就是治療師與當事人之間，應事先建立起信任關係（Rapport）。

若是熟知性情的朋友也就罷了，但是要在區區幾小時內和初次見面的人建立信任關係，並非容易之事，一旦**「必須建立信任關係」這件事令你備感壓力，可就得不償失了**。

而Masayo式透視催眠療法，是將你的腦海當成畫布盡情想像：

「什麼人會以何種姿態出現？」

「會出現怎樣的場面？」

你只須留意這些部分，所以我認為在催眠引導的過程中，並不需要多深的信任關係。

當然彼此的印象非常重要。如果對彼此的印象不佳，不但有可能無法妥善「引導」，其至還會無法「透視」。

我認為諮商當下最重要的事情，就是**「彼此能不能感到安心？」「能不能夠放鬆下來？」**

此時並不需要別人傳授的艱深知識，面對初次見面的人，觀察「彼此是否不再緊張，對方露出多少笑容？」才更重要。因此，花時間閒話家常喝喝咖啡，反而能讓彼此的心放鬆下來。

治療過程中要觀察的並非顯意識，而是潛意識，所以**在事前諮商時要仔細聆聽當事人的談話，這些都會從顯意識中展現出來**。

更重要的是，要像普通朋友一樣開心聊天後再開始治療，一起專注地觀察浮現出來的畫面，最後才能找出答案。

此外，傳聞催眠療法必須在他人引導下才能進行，其實絕對沒這回事。我認為催眠療法要從引導自己做起，之後才能去引導別人。

所以在這本書裡，一開始安排的實作練習，會讓大家學會引導自己。首先要請你解開自己的心結。

另外說到催眠療法，通常會依循下述幾個步驟：①信任關係／②諮商／③被暗示性測試（判斷是否容易催眠）／④引導／⑤深化／⑥暗示／⑦喚醒。但在這本書中，並不會提到艱深的內容。我認為催眠療法應該用更簡單的方式，並且讓每個人都能引導自己，也能引導別人。

催眠療法其實簡單又平易近人。
既不困難，也不可怕。

關於前世你應該了解的事

在催眠療法中，一般都會使用「草原」的想像畫面。

絕對不是非草原不可，而是用草原來想像的話，才容易親身體會到微風、景色以及一切的畫面。

會讓人充滿期待，不知道廣大草原的另一端，會出現怎樣的景色？這部分有點類似《清秀佳人》的世界。

「轉過這個街角，肯定會有令人期待的事情發生」。故事裡的安妮，似乎經常像這樣發揮她的想像力。

接著在草原的引導下，草原中會突然冒出一個「洞」，從這裡會出現階梯。

一般來說，從這個階梯一步步往下走，就會看到自己的前世，正視自己的弱點。

但是排斥昏暗場所或狹窄空間的人，想必會覺得這個階梯很可怕。

為什麼會使用階梯，其實是因為容易聯想到過去就是往下（後）走，未來就是往上（前）走。

而且以前的我一直以為，前世是一個靈魂多次脫胎換骨，重生五百次或六百次後，依舊生活在這世上。

但是無形的力量卻告訴我，「其實是結合許多人的生前記憶，再將記憶與新的靈魂連結在一起」。

也就是說，新的靈魂是在眾人記憶交織下誕生。

你的記憶，保有許多前人的記憶。

然後你在告別這一世的時候，你的記憶又會與新的生命連結在一起。

你的片段記憶，會成為另一個人的記憶，永遠承繼下去。

在透視催眠之前

~自我療癒的個人療法~

就算你有一個十分信任的治療師，終究他還是外人。一想到這個人在聽你說話，有時人就會隱藏真心。

所以坦白說，**最好的做法其實是自己來減輕自己的負擔，而不是請別人來為你治療。**

早在十二年前，我就已經試著透過獨自催眠，學會愛自己和原諒自己這一切的事了。

我會一個人進行催眠療法，向自己提問。

「那時候，妳真正想說的話是什麼呢？」

我試著說出過去一直隱忍不說的話。

結果我就在淚水伴隨下，接二連三傾訴過去一直忍住不說的話。

內容全是年幼時，小學、國中甚至高中時期……小時候的遺憾及悲傷。我發現過去的創傷、憤怒和悲痛，全都是因為我沒有將自己真正想說的話說出來。

反覆進行這項練習之後，不知不覺間，我的內心變得一片空白，處處清澈，感覺輕快無比。

以我的角度來解釋的話，這種自我療法就是讓自己過去覺得受傷難過的事，圓滿化解。

讓所有靈魂心中的刺，都已經消融了。

我們不會要求傷害過自己的人、害自己難過的人和我們道歉，也不會想和對方爭辯或是反駁對方。

因為那時候，我們其實是對無法言語的自己感到生氣。

我們的靈魂不管到了幾歲，都會希望將自己的話、想說卻忍住不說的話，全部說出來、表達出來。

想起過去受到的傷害，並將這些事說出來，其實會令人感到非常害怕，需要很大的勇氣。

「可以的話希望能夠忘記」，很多人都會這麼想。

這是因為你害怕再次回想起當時候的事。

因為回憶過後如同二次傷害，是很痛苦的一件事。

但是這些事不應該忘記。因為試圖遺忘的事，是忘不掉的。

坦白說想要忘記的話，必須獨自面對自己，將自己的想法用言語表達出來才行。

當你一個人在做這件事的時候，眾多無形的力量、各方神明就會全力讚美你。

「你做到了，你一個人真的做到了。」

「你很棒、很厲害，你做得很好。」

「我愛你、十分愛你！」

從這時候開始，我們就能打從心底領悟到一點，我們是被愛包圍下誕生於這個世上。

當然透過治療，應該也能獲得這種效果。

但是坦白說，我一直認為真正解放靈魂，就是**獨自面對自己**。

如果在你心中，相同的憤怒或悲傷突然多次發作，請你一定要試著自我治療。

「每個人都能回歸神、回歸靈魂。」

這就是獨自進行的療法。

本書建議你，當你要練習成為治療師為人治療之前，務必學會自我療法，先從治癒自己做起。

成為療癒對方的治療師之前，
先打開自己的心結吧！

試試看自我療法

基本的催眠療法，一定得透過引導才能展開。引導不需要借他人之力。這次請由你來引導你自己。你也可以一人分飾二角，同時身為治療師與當事人。只要聽著獨家贈送的音檔（參閱第18頁）跟著做，就很容易做到，你也可以自行參閱下述內容想像一下。現在就來試試看吧！

Work

想像身體在空中飛舞（🎧獨家贈送音檔Track 1）

第一步，請你想像身體輕快地飛上天空。

請你靜靜地躺下來。

請你試著感受一下，想像中的畫面出現在什麼地方。

好好感受一下。
先試著想像一朵玫瑰花。
請你仔細觀察玫瑰花。
這朵玫瑰花，是什麼顏色呢？
現在這朵玫瑰花，插在怎樣的花瓶裡呢？
這個花瓶，是什麼顏色、什麼形狀的花瓶呢？
請你仔細觀察花瓶。
現在這個花瓶正放在怎樣的空間呢？
請你仔細觀察這個空間。
現在這個空間是怎樣的房間呢？
請你後退一點觀察看看。
這個房間所在的房屋，是怎樣的房屋呢？
現在這棟房屋所在的地方，是怎樣的地方呢？

請你從這棟房屋走出去看看。你能看見怎樣的景色呢？

或是請你從上方觀察整棟房屋。

如此一來，你就能更具體地觀察這棟房屋所在的地方。

所謂的催眠療法，就是像這樣一邊引導一邊觀察。

如果在一開始無法看到玫瑰花的人，絕大多數都是將注意力放在眼睛或眼瞼的後側。

現在用你大腦的任何部位都無妨。

請你試著想像一下玫瑰花的模樣。

現在就開始動作。

請你靜靜地坐在沙發上，試著放鬆下來。

有的人只要整個人躺下來就會很害怕，但請你放心躺下來。

現在你的眼睛，會看見你房間裡的牆壁及天花板。
也許你感覺到牆壁的顏色、家中冰箱或冷氣的聲音、香氛的氣味。請你試著感受一下這些畫面。

你的身體，現在可以感受到這些。
現在請你輕輕地閉上眼睛。
途中想張開眼睛時，便張開。
張開眼睛之後，就能隨時結束治療。

現在請你好好地放輕鬆，試著放鬆全身的力氣。
請將手放在舒服的地方。
現在請你試著慢慢呼吸。
慢慢地從鼻子吸氣，再靜靜地從嘴巴吐氣。
慢慢地吸氣之後，每次吐氣時，你的身體就會放鬆下來。

每次呼吸時，都要慢慢地將身體的力量放鬆。
接下來，每次要進一步呼吸時，腰部的力量就會放鬆。
每次呼吸時，大腿的力量、雙腳的力量也會放鬆；每次呼吸時，肩膀的力量、頸部的力量、臉部的力量都會放鬆。
現在你身體的力量完全放鬆了，身體變得像橡皮一樣柔軟。
你的身體變得非常柔軟，接下來在每次呼吸時，身體會逐漸變透明。
當你每次緩慢呼吸時，身體就會漸漸地越變越透明。
每次呼吸時，腰部會變透明；每次呼吸時，大腿和雙腳，還有背部、肩膀、頸部、頭部及臉部，全部都會變透明。
當你再一次緩慢地呼吸，你透明的身體就會漸漸地越變越輕。越變越輕之後，變得像羽毛一樣輕。
變得像羽毛一樣輕之後，請想像一下你變輕之後的模樣。
你的身體，正逐漸飄浮起來。

在你的身體周圍，從某處吹來了暖風。
風圍繞在你的身體四周，形成很大很大的漩渦。
巨大的漩渦，使你的身體變得輕飄飄，愈來愈輕地飄浮起來。
風在不知不覺間變成一隻大手，撐起了你的身體，一直往天空很高很高的地方飛上去。這隻巨大的手，是引導你來到草原的手。
現在你愈來愈靠近天空，不斷地往上飛了上去。
接著來到你覺得好刺眼，陽光十分閃耀的地方，請你在腦海中慢慢地將眼睛張開。
現在請你在腦海中，慢慢地張開眼睛，接著請你試著靜靜地往下俯看。
在你眼睛下方，是一望無際的草原。
一望無際的草原是什麼模樣呢？
這片草原的面積有多大呢？
請你仔仔細細地觀察你的草原。

說不定有人會在遠方看見大海。
而且說不定有人會看到可愛的橘子園。
如果你覺得「這不是你想像中的草原」，現在請你創造出你理想中的草原。
你可以想像你自己的草原。
在草原當中，說不定會有玩具城，說不定會有很好玩的遊樂園。只要是你喜歡的草原都可以。

Work

查看自己的前世（🎧獨家贈送音檔Track 2）

現在要去查看你的前世。
也許會出現自己的小時候。
那樣也沒關係。現在要開始囉！
請你好好地放輕鬆，試著放鬆全身的力氣。
請將手放在舒服的地方。

請你試著慢慢呼吸。慢慢地從鼻子吸氣，再靜靜地從嘴巴吐氣。

每次慢慢地吸氣與吐氣時，你的身體就會放鬆下來。

每次呼吸時，都要進一步地將身體的力量放鬆下來。

接下來，每次呼吸時，腰部的力量就會放鬆。

每次呼吸時，大腿的力量、雙腳的力量、腳踝的力量，還有背部、肩膀、頸部和臉部的力量都會放鬆。

將身體的力量放鬆之後，你的身體會像橡皮一樣，變得非常柔軟。

身體的力量放鬆之後，身體變柔軟之後，接下來每次呼吸時，身體都會逐漸變透明。

每次呼吸時，腰部會變透明；每次呼吸時，大腿和雙腳也會變透明。

還有腳踝、背部、肩膀、頸部、頭部、臉部，全部都會變透明。

當你再一次緩慢地呼吸之後，你透明的身體就會漸漸地越變越輕。

越變越輕之後，就會像羽毛一樣輕。

變得像羽毛一樣輕之後，你好像能夠飄浮起來。
隨後，在你的身體周圍，從某處吹來了暖風。
風圍繞在你的身體四周，形成很大很大的漩渦。
接下來，你的身體輕飄飄地，愈來愈輕地飄浮起來。
風變成一隻大手，撐起了你的身體，一直往天空很高很高，很高很高的地方飛上去。
不斷地越飛越高，往太陽靠近。
來到你覺得好刺眼的地方，請你在腦海中靜靜地將眼睛張開。
請你試著在腦海中輕輕地張開眼睛，然後往下俯看。

一大片白雲取代了風，離你愈來愈近。
這就是要帶你回到過去的雲。
風之手將你輕輕地放在一大片白雲上，引導你乘坐上去，就像孫悟空乘著筋斗雲。

請你試著乘上輕飄飄又軟綿綿的雲，就這樣在腦海中向雲呼喚。輕聲呼喚也沒關係。

「帶我回到過去。」接下來請你再次在腦海中閉上眼睛。

雲會載著你，開始靜靜地動起來。

現在雲的速度開始不斷加快。

現在雲的速度不斷地加快，愈來愈快。

你會害怕的話，可以用力閉上眼睛。

隨後雲突然停了下來。

請你試著直接往下俯看。

你會看見街道市景。那裡是你熟悉的城市嗎？

還是你第一次見到的城市呢？請你仔仔細細地觀察。

然後請你向雲發出命令。

「稍微往下降，再往下降，再往下一點，讓我清楚地看見街道。」

就像這樣，請你試著在心中默念。

白雲會載著你，開始慢慢地往下降。

這是你似曾相識的城市嗎？出現了怎樣的城市呢？

令人懷念的城市？不知名的城市？

眺望這座城市，你現在的感覺如何呢？

觀察城市一陣子之後，出現了引起你注意的房屋。

現在要試著去窺探這棟房屋。

你現在手裡拿著望遠鏡。

然後請你試著窺探使你感到好奇的房屋內部。

你很好奇的房屋內部，感覺如何呢？

房屋裡住著什麼人嗎？

請你悄悄地窺探看看。

現在要試著在心裡數數囉！當我數完「3、2、1」之後，你就會進入這棟房屋裡。

3、2、1，你已經進入了。

這棟房屋裡，住著什麼人嗎？這個人是誰呢？

不認識這個人的話，請你試著問對方：「你是誰？」

當房屋裡沒有任何人在的時候，可能會有室內裝潢或是電器用品。請你好好地感受這棟房子的氛圍。

當這個地方不符合現在這個年代時，就是你未知的前世。

在這棟房屋裡，有一面魔鏡。請你試著找出這面魔鏡。

請你照照看這面魔鏡。你看到的自己是什麼模樣？

是女性嗎？是男性嗎？又是幾歲呢？
當這棟房屋裡沒有任何人在的時候，請你對著自己下達命令。
請你在心中默念，你想遇見哪個年代、幾歲的自己。
「帶我去見〇歲的我。」
請你像這樣命令魔鏡。
魔鏡會馬上開始扭曲。魔鏡裡會開始動起來，形成一圈圈的漩渦。現在請你試著進入這片魔鏡當中。
就像一頭被吸進去一樣，請你試著進入魔鏡中。
接下來，你會抵達你想去的時代。
現在從你眼中看見什麼了？
是幾歲的你呢？
你在那裡做什麼呢？
請你靜靜地等待，直到看清畫面為止。

現在你看到了自己的模樣。

這個時代的你，現在正在想什麼呢？

請你試著表達出心聲，感受你的情緒。

請試著觀察你在這個時代的最後一刻。

過去活在這個時代的你、前世的你，在最後一刻想著什麼事情呢？你有何感受，想要留下什麼訊息給現在的你呢？

請你試著聆聽你前世的聲音。

「現在讓我見到我在這個時代的最後一刻。」請你試著這樣說。

說完之後，魔鏡會再次開始劇烈扭曲。

魔鏡裡會出現類似一圈圈巨大漩渦的畫面。

你就在這個漩渦當中，一頭被吸進魔鏡裡。

現在你看到了最後一刻的情景。

你是幾歲呢？現在正在想什麼呢？

還有，你對何事感到後悔呢？

請你用自己內心的聲音詢問看看。

前世的你，有一句話想要告訴現在的你。

請你問清楚訊息的內容是什麼？

前世的你，一直在等著現在的你前來相見。

請你接收前世的訊息。會是怎樣的訊息呢？

前世的你，似乎非常高興能將訊息告訴現在的你。似乎感到十分滿足。

當前世的你迎來最後一刻時，眩目光柱從天而降，流光滿溢籠罩著前世的你，不斷地往天上升去。

你看起來非常幸福。

「前世的我，謝謝你。我很愛你，謝謝你。」

請你像這樣對前世的自己說。

現在魔鏡出現在你的面前。
在魔鏡裡看見了載你來到這裡的雲。
「可以回去了。我已經滿足了。」
請你試著發出聲音這樣說。
雲會在瞬間載你回到一開始的天空。
當我數完「3、2、1」之後，你就會乘坐在最初的那片雲上囉！
3、2、1，你已經坐上去了。
你再次乘上這片雲，飄浮在天空中。
接下來，你可以繼續前往想去的地方，也可以回到你現在的身體裡。
回到身體時，請你試著發出聲音數「3、2、1」，再拍手一下。
現在請你試著發出聲音數「3、2、1」，並且不斷地敲打自己的身體。
現在要敲打自己的肩膀、頭部、臉部、頸部，現在要動動看腹部、腰部、雙腳。現在要動一動大腿、雙腳，然後不斷敲打身體，慢慢地你的力量就會回復。

「現在要回到現在的我，碰碰碰！」

請你試著大口吸氣再吐氣，同時要一股作氣地吐氣。請你靜靜地張開眼睛。

現在你已經回來了。頭還是有一點暈暈的。但是你不必擔心。代表你十分充分地使用了右腦。證明你可以順利透視了。

Work

前去遇見未來的你（獨家贈送音檔Track 3）

請你在安靜的地方躺下來。

慢慢地吸氣，每次吐氣時，你的身體都會放鬆下來。

每次呼吸時，你身體的力量就會逐漸放鬆下來。

每次呼吸時，腰部的力量就會放鬆。

現在你每次呼吸時，大腿的力量、雙腳的力量、腳踝的力量，還有背部的力量、肩膀的力量、頸部的力量、臉部的力量也會放鬆。

你的眼皮開始變得沉重。現在眼皮變得愈來愈沉重，請再靜靜地閉上眼睛。

請你將注意力放在額頭。

當注意力放在額頭之後，額頭一帶是不是就會變得有點癢癢的？

現在就這樣將注意力放在額頭，並將下巴稍微抬高。

在你的額頭正中央，出現了一扇門。

現在請你試著從內側打開這扇門。

從你額頭的這扇門，一口氣散發出了放射狀的光芒。

請你讓這道光像投影機一樣，投射到某個地方。

接下來，請你試著讓你的光投射到非常高、非常昏暗的宇宙裡。

看著放射狀的光芒一段時間之後，就會看到你未來的模樣。

這會是幾年後的你呢？又會是幾歲的你呢？

未來的你滿臉笑容，正對著你微笑。

請你向未來的你，說出下述這幾句話：

「幸福的我，等待已久了吧！」

「未來的我，請你引導我。」

現在要進一步仔細透視下去囉！畫面會切換喔！

當我說「3、2、1，切換」之後，畫面就會切換。

3、2、1，切換。

你身在某處的公園裡。這是你去過的公園嗎？還是沒去過的公園呢？仔細一看，公園裡百花盛開。

還有蝴蝶飛舞其中。

這座公園裡有長凳嗎？

有噴水池嗎？

請你試著在這座公園裡悠閒地走一走。

緊接著，公園裡突然出現了一扇很大的門。

現在未來的你，就站在這扇門的另一頭。

請你試著放慢速度，悄悄推開這扇門，看看未來的你。

未來的你正背對著站在那裡。

請你向背對著站在那裡的未來的你說：

「○○，你的未來會變成這樣喔！」

請你呼喚自己的名字，對未來的自己說話。

如此一來，未來的你就會在瞬間實現你夢想中的未來。

「對未來充滿期待」、「我的未來一定會充滿希望」。

請你試著像這樣說出來。

未來的你還有現在的你，臉上都自然而然地笑容滿面。

請你就這樣帶著微笑，回到現在這個當下。

當我數完「3、2、1」之後，光線就會立刻集中到你的額頭。

3、2、1，集中。

放射狀的光線瞬間被吸入你的額頭之後，額頭的這扇門就會關上。

現在已經回到你的身體了。

眼皮變得很輕鬆。眼皮變得非常非常輕鬆，就像羽毛一樣輕飄飄。

現在請你動一下眼皮，並眨眨眼。試著活動一下眼皮的肌肉，接下來，你的身體就會一步步，慢慢地恢復力量。

接下來請你試著將脖子左右動一動。眨眨眼睛，將眼睛張開又閉上，當你反覆張開眼睛的時候，眼皮就會變得愈來愈輕。

現在眼睛很容易就能張開。

而且臉部的力量也回復了。

接著頸部、肩膀、胸部、腰部也恢復力量。

晃動一雙腳下，甩動一下手腕，腹部、大腿、雙腳，也全部都恢復力量了。

「現在要回到我身上，碰碰！」請你試著敲打自己的身體。

「幸福、幸福，幸福啊！」請你邊說邊將眼睛用力張開。

口中要唸著「幸福、幸福」。

進行催眠療法時，你會感到頭暈，頭部會覺得很沉重。

這是因為你使用了平時不會用到的大腦部分。

透視的時候也會使用到平時不會用到的大腦部分，所以大腦會非常疲勞。

但是過了一段時間之後就會好起來，所以你不必擔心，完全沒事。

以上為大家簡單引導，體驗一下何謂催眠療法。

這就是引導自己進行自我治療的催眠療法。

雖然和引導他人進行催眠療法的做法有些不同，但是當你能學會自我治療，

你就能隨時透視自己的一切。

※ 本書獨家贈送的音檔中也內含「前去遇見小小的你」（內在小孩的引導），請大家一定要用輕鬆的心情來體驗看看。

用來引導他人的透視催眠

到目前為止，都是自我引導的透視練習。

接下來，就要請你試著引導自己以外的人。

讓對方在你的引導之下，說出他當下看到的一切。

令人不可思議的是，就在你引導的當下，你腦海中看到的畫面，會和對方腦海中浮現的畫面一模一樣。你自己的大腦會與對方的大腦產生連結，看到相同的畫面。

但是你不可以將你看見的畫面說出來，請你用引導的方式，讓對方說出他看到的一切，你只須默默觀察即可。

最重要的是，引導時千萬不能焦急。讓對方在舒服的狀態下接受治療，才能完成這次的治療。

引導並不可怕

在日本只要一提到「催眠療法＝催眠」，多數人都會直接聯想到「催眠術」，於是很擔心催眠無法解除的話該如何是好、意識無法回到現實該怎麼辦。但是誠如前文所述，所謂的催眠療法，純粹看你如何妥善地使用右腦，所以根本不必擔心這些事情。

而且你在使用大腦的時候，只需要稍微切換左右腦，你就能透視一切。

「透視催眠」會使用到大腦，一併解決對方內心的煩惱與身體不適。

試試看透視催眠

一開始的時候，請和不會讓你感到緊張的對象，例如家人或朋友等人練習看看。

Work

透視催眠療法的做法

❶請對方放輕鬆

讓對方在安靜的地方躺下來。

（引導示範）

請你靜靜地閉上眼睛。

現在請你試著慢慢地呼吸。慢慢地從鼻子吸氣，再靜靜地從嘴巴吐氣。每次吐氣時，身體都會放鬆下來。

請你繼續慢慢地呼吸。

每次呼吸時，身體的力量會逐漸放鬆下來。

腰部的力量也會放鬆。還有大腿的力量、雙腳的力量都會放鬆。甚至於肩膀的力量、頸部的力量，以及臉部的力量全都會放鬆。

……

就像這樣，參考引導自己的個人療法，試著讓對方身體放鬆下來。

請你依照對方的希望，前去透視過去或未來即可。

❷請對方說出現在看到的畫面

（引導示範）

「你現在看到什麼了？」

「是怎樣的畫面？」

「那裡有什麼人在嗎？」

像這樣提出問題，請對方說出看到的一切。

❸在你腦海中想像對方口中的情景

透視相同畫面時，必須想像你的腦海中有一面電影銀幕。

一開始銀幕上是一片空白，看不到任何影像。

銀幕上出現的畫面，就是「對方說出口的內容」。請你想像看看。

比方說，當對方表示「看到森林了」或是「人在森林中」，當他說完「看到森林了」這句話，你腦中應該要浮現從森林不遠處看到的畫面。

當他說完「人在森林中」這句話，你腦中浮現的畫面理應是抬頭仰望高聳的樹木，或是四面環繞著巨大樹木的森林。

此時希望你要留意一點，請你絕對不要描述「森林的樣子」。

否則你會妨礙對方在深層意識的專注力。

這沒有什麼特別的意思，只是要確認對方的注意力放在什麼地方。

讓對方集中注意力，同時你也將注意力放在大腦，你就會和對方透視到相同的畫面。

這方面的完成度、正確率非常之高。

例如當對方說「看到綠色森林，就像大海中的森林一樣」，轉眼間畫面就會變成森林在水中綠意盎然地搖曳著。

完全就是聽完對方說的話之後，覆寫在自己大腦裡，這對於透視催眠是不可或缺的一環。

看見相同的畫面之後，才容易準確判斷應在何時切換畫面，譬如「接下來要讓對方移動至何處」，或是「該讓對方在何處著地」。

畫面中出現的某個人，就是對方的「嚮導」。

「這個人是什麼模樣？」

「這個人和你在一起做什麼？」

「這個人說了什麼？」

你要提出這些問題，讓對方說出他看到的一切，才更容易進行引導。

透視催眠的過程中，你會看到對方覺得最重要、最在意的部分，所以要順著對方腦海中的畫面，在最後找出問題的原因，進行治療。

❹治療後，與對方共享看到的一切

等到對方完全清醒，治療結束之後，你再跟對方說，「你應該看到了怎樣的森林畫面」，透過對方沒有說出口的部分，讓對方知道你也有看到那些畫面，他就會明白當時你們真的一起共享了那些畫面。

我們每一個人，本來就會在不自覺中展現出一種能力，就是「聽完某人說的話之後，腦海中就會浮現這些畫面」。

第一次學習催眠療法之後，我馬上就察覺到這件事。

但是很多時候，我們卻太過關注於「引導對方」，於是治療師本身經常察覺不到現在自己腦海中的一切。

透視催眠一詞看似艱深難懂，其實執行起來十分容易。而且這個方法，也通用於透視及通靈。

如果你想用神奇魔法做點什麼，這套技法在任何時候都能運用。

就和自我治療的時候一樣，當你在進行透視催眠時，大腦會放空。

長時間使用大腦或右腦，你就會大腦一片空白。

接受或進行治療的意思就是讓大腦停止運作，請你早點休息吧！

Lesson Day 5

第5天的魔法課

通靈的魔法

什麼是通靈？

透視與通靈經常被人視為兩碼事。
雖然我們各自使用不同的稱呼，卻一直在做相同的事，甚至是「同時」進行。
究竟一般所謂的通靈，包含了哪些行為呢？

「提問」→「用第六感感受」→「用言語表達」

用文字來表達的話，就是在進行這些行為。
所謂的第六感，就是**憑感覺而非講道理**。
相信靈光乍現、直覺、超越人類的智慧，就能帶來許多充滿創造力的靈感。

通靈的時候，一般來說大腦會處於θ波狀態。θ波狀態就是在冥想的過程中，或是臨睡前意識模糊的時期，**身體與意識容易分離的狀態**。

但是大家不必想得太困難，「並非一定要處於θ波狀態」。

在這之前我已經重申過數次，最重要的是，**持續將注意力放在大腦**。這點猶為重要。

一旦你注意力不集中，大腦就會被你的思想占據，所以要盡可能將注意力放在大腦，完全依隨你透視到的畫面。這就是通靈。

通靈最重要的是，
如何讓你的大腦保持專注。

連結點會依你所見而異

誠如前文所言，關於「可以與龍連結，卻無法與天使及妖精連結」，或是「能夠透視，卻無法通靈」的說法，在我的觀念中並無法做出這樣的區分。

這些情形**我無法分開思考，視為「單一事件」**。

將這些情形分開來，可能只是覺得區分開來「才容易向他人解釋」。

為什麼無法區分開來思考？我的看法如下所述。

第一，我們都有個人的意識。

每一天或哭或笑或憤怒，努力過生活的我們，擁有尊貴的意識。

我認為我們身邊存在「守衛隊」這種神奇的力量，二十四小時守護著我們。

請你想像一下你撐著一把傘。傘柄從胸部開始穿過自己的頭。

而且在打開的傘中，有龍，有風神，有天使這些不可思議的力量在守護著你。有時你的祖先也會加入這個行列。

傘中這群不可思議的力量，都具有從光源降臨的神之記憶，是守護自己的神明意識。

而且，這把傘就是神。

宇宙意識，也可視為無與倫比的創造神。神明意識、宇宙意識，就像用傘柄緊緊相連著，事實上也是自己偉大的意識。

你心中以為的個人意識，就是尊貴神明的意識，也是廣大宇宙的意識。

更是你個人的意識，與某人的意識。

你不可思議的意識，與某人不可思議的意識。

你的神（宇宙意識），與某人的神（宇宙意識）。

這些都息息相關。所以，你才能連結到某人的意識，進而「透視」這個人。

雖然每次提到通靈，往往會以為是連結到高次元的力量，**其實傘中提供協助的神奇力量，每次都會依你所見而異。**

既然存在同一把傘中，就不會發生可以與龍連結，卻無法與天使連結的情形。

不可思議的世界、神奇的力量，一切都息息相關。

Lesson Day 5

透過通靈可以看見什麼？

關於通靈，我在先前出版的書中已經做過說明。大部分的通靈似乎都與自己有關，我們會透視自己的過去及未來，或是透視上天堂的寵物過得如何。

這次要讓你做的通靈練習，是我在這二年多來，透過部落格為大家解答逾三百封郵件的「神機回覆」。

「神機回覆」就是我從大家寄來的郵件中隨機回覆，內容都是「某件事、某個現象究竟是怎麼回事？」諸如此類不可思議的難忘記憶。

「只讀過郵件，為什麼就能了解當時的狀況呢？」

很多人都難以置信，其實我會看到腦海中浮現的畫面，這個道理就如同前文所述。

大家每次讀故事書，腦海中就會浮現出畫面吧！

「從前從前，有一個名叫浦島太郎的男人。他在海邊救起烏龜後，被烏龜帶到了龍宮。等他返回岸上一打開禮物箱，箱中隨即冒出白煙，男人瞬間老了好幾歲。」

如何？在你腦海中是不是有出現烏龜和龍宮，還有變成老公公的浦島太郎呢？

來信諮商的內容，就是類似這種想像的延伸。

首先我的腦海中會浮現諮商內容的情景。隨後我會繼續透視「未來發展」，接著我只會看到當事人，甚至還會浮現不知名場所的畫面及資訊。我再將這些看到的畫面描述出來。

透視就是超越妄想及空想後，你所看見的一切。

你會像這樣看到「過去」的畫面

透視某人過去發生的事情，就是在透視這個人至今的生活點滴、歷史。

回溯到那個時候，透視過去確實發生過的事情。

你要試著降落到那個現場，或是往後退一步，用不同的角度去透視，**你就會逐步看到只有當事人才知道的事情，以及當事人口中無法理解的現象。**

這些都是確實發生過的事情，所以你在透視的時候畫面不會晃動。

你會感覺十分真實，甚至連當時的聲音、氣溫、時間以及天氣都能一手掌握完全透視。因為你只有意識降落在那個地方。

透視某人「過去」的祕訣

現在來舉一個例子。

聽說有一個人，和朋友開車前往山中的靈異場所，卻在回程中迷了路，好幾次繞回同一個地方，讓他感到很害怕。同一條路就這樣不知道繞過多少次，最後終於得以脫困。聽說在他們一直繞著同一條路的期間，出現了一種很痛苦的奇妙感覺，懷疑當時會迷路，恐怕是惡靈在搞鬼。

這種時候，我會先往後退一步，全面觀察這個靈異場所。

結果我看到山上和半山腰，共有兩處停車場。半山腰的停車場很小，只能停幾輛車，一旁還看到了類似懸崖的景色。

由於是在晚上，所以幾名當事人可能並不清楚，才會一直以為車子是停在山上的大停車場。也就是說，原本他們打算停在山上的停車場，事實上卻是停在了半山腰。當時他們一直認為，既然是停在山上的停車場，只要從山上沿路往下開就能回到家。沒想到他們是停在半山腰的停車場，因此若要下山就得再次開到主要山路後再向左轉，然而他們卻深信只要一路往下開，因此在半路上不停地繞圈行駛。於是他們才會感覺完全沒有下山的跡象。由於當時是晚上，更讓人搞不清楚該往哪裡走了。

這個例子就不是慘遭惡靈欺騙，而是起因於誤認停車場的位置。

我們的意識應該如何透視，說穿了就是要先退一步觀察整體狀況，再將意識降落到當事人身處的地方。

這時候，你會感覺你正在透視車子的內部，而且此時車子已經在回程上迷路了。接下來，你會看到當事人真實的狀態，他正坐在車子後座，甚至還會聽見他和同伴之間的對話，例如：「不是從這裡向左轉就能回家了嗎？」「不是要再往前開一點嗎？」感覺我的意識也一起搭上了車子。

就像這樣，雖然是在不知不覺間，但是我會切換意識，從各種角度透視當時的狀況。

關鍵是將透視到的一切說出來

透視到的一切是否正確，由於關係到對方，所以若沒有對方的回答根本無從確認。不過我在部落格上的神機回覆若有得到對方回應時，我都會將內容誠實公開。有時我也會擔心沒說中會很丟臉，也會害怕失去大家信任，所以每次提筆都是心驚膽顫。

感謝讀者的大力支持，我自己也想要更加精進，所以會繼續為大家透視下去。

請你也試著將透視到的一切說出來，從這一步開始做起吧！

用右腦思考，讓大腦浮現畫面，這是人人都擁有的能力。因為腦海中浮現的畫面，並不是「只有我才聽得見」、「唯獨我才看得到」。

透視、通靈並非特殊能力。
不斷練習就能盡情發揮。

利用神機回覆做通靈練習

我在這裡準備了一些神機回覆的問題。

請大家用來練習將腦海中浮現的畫面表達出來，試著挑戰看看。

Work

神祕事件諮商①

大約是在我小學低年級的時候，有一天晚上，我在住家的庭院裡，看到一顆成人男性雙手也抱不起來的大石頭，居然自己滾動起來，而且附近根本沒有人。

那天晚上家裡有親朋好友的聚會，我走到庭院要送大家離開時親眼目擊，所以印象十分深刻。當時我身邊還有其他人在，但是除了我以外，並沒有其他人看到這顆石頭。

至今我還是不知道那顆石頭怎麼會動起來，覺得十分不可思議，一直記得那個情景。

（高橋陽子）

神祕事件諮商②

二十四歲那一年，我一個人住在市區通勤上班。就在快要下班的時候，我的手機接到住在神奈川的祖母打來的電話。

電話那頭說：「阿裕（我的父親）到東京去結果病倒了，人被送到○○區的△△醫院。妳距離最近，所以妳馬上過去。妳母親和妹妹也會趕過去。」

我驚惶失措，急忙趕往醫院，結果院方卻說：「沒有這樣的病患被送到醫院。」我也打聽了附近的醫院，沒想到根本沒有父親這樣的病患。

我搞不清楚這是怎麼一回事，打了通電話回老家，沒想到祖母竟堅稱她沒有打過那樣的電話。當時是手機接到的電話，照理說會留下來電記錄……。事實上，母親和妹妹都在家，完全不知道我在醫院奔走的事。「祖母是不是老人痴了？」家人很擔心，但是都說不想深究了。

這件事過了大約二週之後，我接到母親打來的電話，她說祖母病倒了，要我馬上回家一趟。因為和前陣子的情形十分類似，剎那間我曾懷疑究竟是真是假，但是母親都打電話來了，我只好急忙趕回家。

祖母就在三天後去世了，但是祖母打電話來說「父親病倒了」這件事，至今我仍覺得十分不可思議。

（森美保）

神祕事件諮商③

小學六年級的夏天，傍晚時分我陪母親去超市買東西。回程走在一條平時總是車水馬龍的路上，但是那天的車流量比往常更多，還有很多大型傾卸車經過。明明就不是多寬敞的道路，所以我很怕被車撞飛，提著購物袋緊跟在母親身後。結果從十字路口的角落衝出一輛車，害我嚇了一跳，腳勾到水溝而跌倒了。沒想到傾卸車居然壓過我的腳，幸好最後沒出什麼事！

為求慎重起見，我還是去了趟醫院，結果只是鞋子上留下了輪胎痕跡，腳並沒有大礙。

我記得十分清楚，跌倒後我的腦中馬上一片空白，傾卸車迎面而來的畫面像慢動作一樣出現在腦海中，而且我還記得我的腳，或者應該說是下半身，整個像是被白色光芒籠罩一樣。似乎有什麼東西在守護著我。（本田真由美）

神祕事件諮商④

當時我還是名學生，早上我要前往車站的路上，被一對彷彿是幼稚園和小學生的姐弟叫住。

「妳是大村美奈子小姐嗎？」對方問我。

也許是巧合，我的名字就叫作美奈子，但是姓氏完全不同，於是我便回說「我不是」。

我在附近並沒有看到姐弟的父母，很擔心這兩個孩子的安危，於是帶著他們來到車站前的派出所。

我正在登記姓名及聯絡方式的時候，聽到姐姐回答：「我七歲，弟弟三歲。」

不過他們的名字和長相我已經不太記得了。後來，派出所並沒有特別來電告知後續情形，我也忘了這件事。

最近我突然想起這件事，不過我現在已經結婚，並且改名成「大村美奈子」。此外，我現在還是三歲女孩的母親。

那對姐弟，難道是我來自未來的孩子嗎？

不過在現實中，肯定會有人去接回那兩個孩子，所以我一直覺得是難以置信的巧合，十分不可思議。

（大村美奈子）

神祕事件諮商⑤

我在國中有三個死黨，畢業典禮結束後，我們一起到其中一個死黨家裡玩。在他家的土地範圍內，也能看到他爺爺家。

他的爺爺很早就去世了，好像只有他們親戚來住還有我們這些小孩來玩的時候，才會使用爺爺的家。

當時我們一群人，正在他爺爺家裡玩桌遊。

後來我去上廁所回到房間時，從頭上掉下來某些東西。那是附在桌遊裡的硬幣，以及帶有水果香味的橡皮擦。

「我撿到這些東西。」我將東西遞給朋友之後，他回說：「不會吧！這個硬幣是在這個桌遊剛買回來沒多久就搞丟了！已經是六年前的事了。橡皮擦也是我小學二年級用過的。」

朋友開心地表示，這也許是死去的爺爺在惡作劇，但是事實真的是如此嗎？為什麼會在那個時機點出現呢？真叫人不可思議。

（芹澤佐知子）

針對這①～⑤的神祕事件諮商，過幾天我會在部落格（參閱書末的個人簡介）中，告訴大家我透視到的結果。

我透視到的結果並不一定是正確答案，所以請大家以自己通靈的結果為主，放手去試看看。

單靠名字透視對方的方法

練習的結果如何呢？

不管是面對面諮商，或是在部落格上的神機回覆，我都會盡量請當事人告訴我姓名。即便在演講會等場合上，我也會請當事人告訴我姓名再進行透視。

這是因為**從姓名這個暗號切入的話更容易透視**。

當然我們都是使用大腦這個地方進行連結，所以不知道姓名還是能夠透視，但是知道姓名的話，就能縮短透視的時間。

單純透視姓名，再將腦海中出現的畫面，例如對方是怎樣的人、正在做什麼事情，化為文字寫下來，這樣也是一種不錯的通靈訓練。

還有當你在和朋友聊天，聽到對方提到「公司有一個同事做事太龜毛，叫人很傷腦筋」的話題時，都要盡全力動腦透視看看。

當朋友形容的畫面浮現在腦海中，你就會看到這個公司同事的長相，或是他的為人如何。

而且你只要向朋友確認「他是不是這種人」，即可對照答案。你不必擔心「要是沒說中該怎麼辦」，試著隨口問看看「對方是不是這樣的人」吧！

姓名其實非常不可思議。就算是同名同姓，也不會過著相同的人生。因為你在這個世上是獨一無二的。

單純透過姓名透視的時候，**你會從姓名感應到類似暗號一樣無法解讀的文字。**從這裡你就會看到對方詳細的一切，包含長相、個性以及從事怎樣的工作等等。甚至還會透視到未來的事情。

因為一個人的歷史、未來，全部濃縮在姓名當中。

一開始可以像玩遊戲一樣。
盡情地練習看看吧！

結語

將本書一口氣讀完之後，有何感想呢？

我一直都有這樣的想法。

「沒有我們做不到的事。」

這並不是一種傲慢的心理。

因為我們每一個人，都是以神的分身活在這世上，所以我們「凡事都做得到」。

當然，我們還是會對很多事情感到無能為力。

但是我認為我們每一個人，都可以將「不可能」變成「可能」。

如果說下定決心與付出努力才能完成某件事，你一定會直覺感到十分辛苦，但是當你樂在其中的時候，有時候「一回神竟發現自己做到了」。

回顧小時候也是如此，雖然口哨吹不好，但是不斷練習之後就能吹得很好了；還有單槓後翻上的動作，也是在不知不覺中就學會了。

請你試著回想一下，以前做不到或是覺得很困難的事，很多時候都是「一回神竟發現自己做到了」。

這個道理也適用於無形世界，也就是大家口中的心靈能力。

現在的你感覺如何呢？

已經做好心理準備要開始「使用魔法」了嗎？

當你發自內心做好心理準備之後，最後就要來為自己施展魔法囉！

從現在開始你就是魔法，你會讓自己完全懂得使用魔法。

請你備妥魔法用品。

不管是奇妙仙子的魔杖、花朵、羽毛、葉片或是你喜歡的東西都無妨。

現在請你用大腦想像一下。

利用這些魔法用品創造出自己的氣場，同時唸出下述咒語吧！

「從今天起，我就會使用魔法了！」

這句就是咒語。

當你下定決心，公開宣布之後，你就會「使用魔法」了。你沉睡中的能力將被喚醒，從此時此刻開始，這輩子你都會「使用魔法」。

人每一天都會不斷進化。無形的能力同樣也會一直進化。

請你為自己的進化感到開心、感到驕傲，在你的人生中善用魔法。

不久後的將來，「無形力量」被科學證明的時代即將來到。

隨著尚未解明的大腦功能完全釋疑之後，「無形的力量」也將會受到認同。

如此一來，「看到無形的力量」就不再是不可思議的事，也不會再令人質疑，而會成為「事實」了。

就像我們存在這世上一樣，我們也要了解：無形的力量確實存在。

我們現在就是時代的先驅。

你手中會握有這本書，表示你總有一天一定會成為未來的見證人。

寫於夏日綠草飄香的仙台　Masayo

【作者簡介】

Masayo

靈氣諮商師、靈氣導師。

從小開始日日經歷不可思議的事情，聽見神奇的聲音。某日在巨大光芒籠罩下，領悟到無形世界的運作機制。因其沉穩性格及高度靈視能力而備受好評，單靠口耳相傳成為熱門諮商師，預約須等數月之久。現在為了治癒更多的人，巡迴日本各地舉辦活動，每日奔波於演講及寫書工作。著有《はじめての透視リーディング》（永岡書店）、《「あちらの方々」から聞いた人生がうまくいく「この世」のしくみ》（KADOKAWA）、《靈氣療法：透過能量翻轉人生》（楓樹林）等多本著作。

Masayo官方部落格「愛しているよ　大好きだよ」
http://ameblo.jp/itigomicanuri/

透視魔法

窺探靈界，掌握身心調諧

出　　版／楓樹林出版事業有限公司
地　　址／新北市板橋區信義路163巷3號10樓
郵政劃撥／19907596　楓書坊文化出版社
網　　址／www.maplebook.com.tw
電　　話／02-2957-6096
傳　　真／02-2957-6435
作　　者／Masayo
翻　　譯／蔡麗蓉
責任編輯／周佳薇
校　　對／周季瑩
港澳經銷／泛華發行代理有限公司
定　　價／380元
初版日期／2023年９月

國家圖書館出版品預行編目資料

透視魔法：窺探靈界,掌握身心調諧 / Masayo 作；蔡麗蓉譯. -- 初版. -- 新北市：楓樹林出版事業有限公司, 2023.09　面；公分

ISBN 978-626-7218-93-8（平裝）

1. 心靈感應　2. 通靈術

175.94　　112012316